Joan Piñol

El bienestar emocional

Claves para vivir mejor

editorial Kairós

© 2020 by Joan Piñol Forcadell
© 2020 by Editorial Kairós, S.A.
  Numancia 117-121, 08029 Barcelona, España
  www.editorialkairos.com

Fotocomposición: Moelmo, S.C.P. 08009 Barcelona
Diseño cubierta: Katrien Van Steen
Impresión y encuadernación: Ulzama digital

Primera edición: Octubre 2020
Segunda edición: Mayo 2021

ISBN: 978-84-9988-805-7
Depósito legal: B 18.278-2020

Este libro ha sido impreso con papel certificado FSC, proviene de fuentes
respetuosas con la sociedad y el medio ambiente y cuenta con los
requisitos necesarios para ser considerado un «libro amigo de los bosques».

Sumario

Introducción 11

  Haz tu parte. El cuento del colibrí 14

1. Una historia personal 17

2. Nuestro origen. La evolución de la especie 21

  Primer cuento. La Vía Láctea y su origen 22

  Segundo cuento. La especie humana

    y su evolución 25

  Tercer cuento. Nuevos orígenes en África 26

  Los instintos de la evolución 28

3. Conozcamos nuestro cerebro 31

  El cerebro es la construcción más compleja

    del universo 31

  ¿Cómo es el cerebro humano? 36

  Gestión del miedo y reacción de lucha o huida . . 38

4. Emociones y sentimientos 41

  Emociones positivas/agradables

    y negativas/desagradables 45

  Diferencia entre emociones y sentimientos 48

 5. Hormonas del placer y la felicidad.   51

    Endorfina, oxitocina, serotonina y dopamina . . .   53

 6. El bienestar emocional   59

    Mejora tu salud emocional. Cuida de ti mismo. .   61

    Las relaciones sociales   62

    Pigmaliones. Personas vitamina-positivas/personas

    endorfinas   63

 7. La psicología   71

 8. El estrés. La mayor enfermedad de este siglo   79

    El estrés positivo y el estrés negativo   83

    El cortisol   85

    Algunos consejos para reducir el estrés.   87

    Un buen jefe   90

    Ejercicios.   94

 9. La depresión.   97

    Los principales tipos de depresión   100

    Causas   101

    Síntomas   101

    Prevención.   102

10. La tristeza.   105

11. Reír y llorar   109

    Llorar: la supervivencia.   111

12. El duelo   115

    Las cinco fases del duelo.   118

    Las cuatro tareas del duelo   120

13. La música y las emociones.   127

14. Hábitos saludables 129

    Haz ejercicio 130

    Trabaja la estimulación cognitiva 131

    La alimentación 133

    El cacao, chocolate, feniletilamina, felicidad y amor 134

    La leyenda del chocolate 135

15. El camino hacia la felicidad 137

    ¿Qué es la felicidad? 137

    ¿De dónde proviene la felicidad? 139

    Ser generoso 143

16. Técnicas de relajación 149

    Combatiendo mucho más que el estrés 149

    Los beneficios de los ejercicios de relajación . . . 150

    Mindfulness 151

    Yoga 152

    Ejercicios prácticos 152

Agradecimientos 159

Bibliografía 161

A Tere, Joan y Guillem, que son mi vida
A mis padres, que me dieron la vida
A mis amigos y familia, por los que daría la vida

Introducción

A partir de las conferencias que he realizado para empleados y directivos de empresas, y profesionales de diferentes ámbitos, sobre las emociones, el estrés, el bienestar emocional y la felicidad, se me ocurrió que podía transmitir esas vivencias y reflexiones en un libro.

Además, quería aprovechar la oportunidad de compartir mis conocimientos y experiencias relacionadas con la psicología, con la finalidad de ayudar a otras personas a conseguir el equilibrio entre el pensamiento, la emoción y la conducta, tal como lo he hecho durante años conmigo mismo y con mi entorno personal y profesional.

Por otra parte, mi intención también es aclarar algunos conceptos o ideas que nos ayuden a conocer cómo somos, qué sentimos y qué podemos hacer para estar bien física y emocionalmente y alcanzar la felicidad. No hay que olvidar que hacer felices a los demás también nos ayuda a serlo nosotros, y así vivir más y mejor, os lo aseguro.

¿Por qué un libro sobre bienestar emocional y aspectos generales de psicología? Considero que la psicología se puede aplicar en todos los ámbitos de la vida, de la sociedad y del trabajo. Por lo tanto, en el inicio de este manual he querido introducir algunos conceptos un poco más teóricos, que espero te ayuden, como me ayudaron a mí, a orientarte en tu camino, es decir, a encontrar ese bienestar que todos buscamos y anhelamos.

Asimismo, he incluido las experiencias de pacientes y amigos que han pasado por procesos de pérdida (enfermedades graves, accidentes, defunción familiar...), o por diversas situaciones de dificultad emocional y sufrimiento, ya que personalmente me han servido para pensar que mi tiempo debo invertirlo en estar bien y ser feliz, y creo fervientemente que puede reforzar esa misma idea en vosotros. A pesar de esas situaciones inevitables, no hay que olvidar que a diario también debemos enfrentarnos a otras circunstancias externas que tampoco ayudan ni facilitan nuestro día a día, como son las crisis económicas, laborales, políticas, de seguridad, entre otras, pues todo esto nos afecta de una manera u otra.

Mi deseo es ser una mejor persona, mejor amigo, mejor padre, mejor hijo o hermano, ser un mejor compañero e intentar que mi entorno se encuentre bien porque, al final, todo depende de nosotros.

Ahora te pido que realices una pequeña reflexión durante unos minutos para que valores tu situación. Deberás detenerte un instante y analizar lo que tienes, sin dar nada por sentado. ¿De cuántas cosas deberías estar agradecido? ¿De qué puedes sentirte orgulloso? ¿Con cuántos amigos cuentas? ¿Y la familia? ¿Has pensado alguna vez en la suerte que significa haber nacido en tu pueblo o ciudad en lugar de encontrarte en una zona en conflicto, o donde la pobreza te haría imposible poder disfrutar de todo lo que tienes?

Todas estas cuestiones me han hecho valorar mi entorno, mis amigos y mi familia. Valóralos tú también.

En cada uno de los capítulos de este libro, iremos reflexionando de forma general acerca del ámbito de la psicología, de las emociones, el bienestar y la felicidad.

Comenzaremos con un breve viaje desde los inicios de la humanidad (de los primeros homínidos al *Homo sapiens*), pues es vital conocer cómo han influido las emociones en la supervivencia de nuestra especie, cómo nos han marcado y por qué reaccionamos de determinada manera, lo que nos ayudará a conocernos mejor.

Continuaremos con algunos conceptos básicos sobre el cerebro, las emociones, la psicología y las hormonas de la felicidad y el bienestar. Conoceremos un poco más acerca de la enfermedad del siglo XXI: el estrés, pues, al comprenderlo, aprenderemos a gestionarlo mejor, y también a distinguir las características de otra enfermedad muy importante: la depresión.

Por último, llegaremos a las claves para intentar ser felices, y por ende vivir más y mejor. Si conocemos nuestras emociones, si tenemos buenos hábitos (ejercicio físico y cognitivo, así como una buena alimentación), si practicamos las técnicas de relajación, la positividad, la risa, el abrazo y la generosidad entre otros, te aseguro que tendremos más cerca la felicidad y el bienestar.

En definitiva, el componente emocional es fundamental para ser feliz y estar bien: nuestro entorno, la familia, los amigos, el trabajo, la forma de ver la vida (la actitud), mostrar los sentimientos. Todas son pequeñas acciones que nos hacen sentir bien con nosotros mismos y con los demás. Por eso, hay que recordar que sentirse querido y acompañado es un elemento vital para ser feliz.

Buscar la felicidad y el bienestar emocional ayuda a afrontar de una manera más efectiva los momentos difíciles. ¡También está demostrado que ayuda a vivir más!

> *«Quien tiene un porqué para vivir puede soportar casi cualquier cómo».*
>
> Nietzsche

Haz tu parte. El cuento del colibrí

Este libro se centra en mi historia para que la podáis hacer vuestra, pues en realidad todos los relatos se conectan entre sí creando una red de emociones, ilusiones y magia. Con las historias, liberamos endorfinas a través de nuestro cerebro, por eso quiero empezar este recorrido hacia el bienestar y la felicidad con un bonito cuento de la selva amazónica.

El cuento del colibrí

Cuenta la fábula que un día hubo un incendio enorme en la selva y todos los animales huían despavoridos, pues era un fuego terrible.

De pronto, un jaguar vio pasar por sobre su cabeza a un colibrí... en dirección contraria, es decir, hacia el fuego. Le extrañó mucho, pero no quiso detenerse. Al instante, lo vio pasar otra vez en su misma dirección. Así, pudo observar el ir y venir repetidas veces, hasta que decidió preguntar al pajarillo, pues le parecía un comportamiento muy raro.

—¿Qué haces colibrí? –le preguntó.

—Voy al lago, cojo agua con el pico y la echo al fuego para apagar el incendio.

El jaguar sonrió.

—¿Estás loco? ¿Crees que vas a conseguir apagarlo tú solo con tu pequeño pico?

—Bueno –respondió, el colibrí–, yo haré mi parte...

¡Haz tu parte!

La moraleja de este cuento es que la felicidad y el bienestar no son la consecuencia de tener una vida plácida, sino que consisten en la sensación de saber que, por más difíciles que sean algunas cosas, uno ha hecho todo lo que está en su mano para mejorarlas.

Quiero ser el primero en hacer mi parte: contar esta historia para relacionarla con todo lo aprendido. Un relato que recorrerá todo el libro para que os sirva de guía, de referencia, para que podáis conectar con vuestras emociones y reflexionar, para que os transmita la fuerza, la magia y la ilusión necesarias, que nos ayuden a superarnos y a querernos.

¡Seamos egoístas! ¡Si estamos bien emocionalmente y somos felices, generamos endorfinas, lo que nos ayudará a vivir mejor!

1. Una historia personal

Nací en un precioso pueblo agrícola a orillas del río Ebro, con buen clima, buena gente, y muy buen arroz. Una infancia feliz en un entorno saludable, ya que los amigos de la escuela, del barrio, los vecinos y, por supuesto, mi familia marcaron mi infancia. Recuerda que nuestra niñez condiciona el resto de nuestra vida.

Tengo una familia maravillosa que me enseñó a respetar, a amar, a ayudar, a ser humilde. También a agradecer lo que tenía, a valorar las cosas, la vida... Hoy son cualidades que a nivel personal y profesional me han aportado grandes satisfacciones y éxito.

Somos como somos en parte por nuestra genética, pero sobre todo por nuestro entorno y gracias a los aprendizajes y vivencias realizadas desde pequeños.

Mi abuelo materno y mi tío eran médicos. Mi abuelo era médico de familia y había estado en diferentes pequeños pueblos (mi recuerdo más nítido fue su última etapa en una pequeña localidad de una conocida zona vinícola). Allí, la relación con sus pacientes era muy personal por el hecho de conocer a cada uno no solo desde su dolencia o enfermedad, sino también desde sus peculiaridades personales y familiares. Una relación muy cercana, y tengo que admitir, pues lo he podido constatar con la experiencia de los años, que la curación de cada individuo era más rápida y mucho mejor.

Ya sea por esta experiencia que tuve durante mi infancia, o por seguir la tradición familiar, siempre me había planteado estudiar medicina. Así que encaminé mis estudios de bachillerato hacia la rama de ciencias para poder llegar a ser médico, con el objetivo de especializarme en Psiquiatría.

En el verano previo a entrar en la facultad, leí un libro sobre psicología de las organizaciones en el que un directivo explicaba, desde su perfil más humanista, cómo había logrado administrar con éxito su compañía, gestionando diferentes ámbitos de la empresa, pero sobre todo cuidando a las personas, algo muy importante para mí.

Parecerá mentira, pero en poco tiempo, tras leer la experiencia de un desconocido, cambié el enfoque profesional de mi vida. Y me propuse estudiar Psicología, una ciencia joven, que es hoy la profesión que ejerzo con pasión. Allí hice grandes amigos y compañeros, que, como yo, tenían la vocación de ayudar a otras personas desde el ámbito de la atención de la salud psicológica y emocional, y algunos (todo hay que decirlo) para conocerse a sí mismos.

Y, cosas de la vida, durante mi estancia en aquella universidad sucedió un acontecimiento trascendental, ya que allí conocí a alguien muy especial en mi vida: mi esposa y la madre de mis hijos. Recuerdo perfectamente su sonrisa y su cara cuando nos cruzamos en el pasillo, una mañana en un descanso previo a la clase de psicobiología.

¿Por qué te cuento todo esto? Las emociones importantes siempre se recuerdan con todo detalle, aunque pasen los años, ya sean vivencias de la niñez (los amigos, el primer beso, la primera fiesta de verano...) o el nacimiento de un hijo, una defunción, una enfermedad propia o la de un familiar o amigo. ¡Qué curioso! ¿Verdad?

Veamos, pues, cómo funcionan nuestro cerebro y nuestras emociones, primero desde una vertiente ancestral, para poder comprender cómo funcionan en la actualidad y entender de esta manera qué herramientas necesitamos para llevar una vida de felicidad y bienestar.

2. Nuestro origen. La evolución de la especie

Estoy convencido de que te estarás cuestionando para qué te va a servir leer un capítulo sobre la evolución de las especies, así que espero poder demostrarte cuánto te servirá.

Para entender nuestras emociones es vital tener un mínimo conocimiento de la evolución humana, pues la llevamos en nuestro ADN. ¿Quiénes somos? ¿Qué importancia tienen las emociones? ¿Están relacionadas con nuestra supervivencia como especie? Responder a todas estas preguntas me ayudó a entender cómo actúa el ser humano en determinadas situaciones y, por supuesto, me sirvió para entenderme mucho mejor.

Sin embargo, ¿cómo puedo plantearos todas estas cuestiones y responderlas sin que toda la explicación parezca extraída de un manual? ¿Por qué los adultos nos empeñamos en complicar los conceptos? ¿Por qué solo los simplificamos cuando nos dirigimos a un público infantil? Yo quiero dirigirme a vuestro niño interior a través de una historia real, que explicaré como si fuera un cuento, de una manera fácil y sencilla.

Primer cuento. La Vía Láctea y su origen

Hace mucho tiempo, iniciamos nuestro viaje en una región
de la galaxia llamada Vía Láctea, que es una de las más de
100.000 millones de galaxias que conforman el universo. Ahí
vive el Sol, la gran estrella del sistema solar, que es admirada
por todos los planetas que habitan en ese sistema; danzan a su
alrededor para nutrirse de su radiación electromagnética. Al
fin y al cabo, todos necesitamos de todos, igual que el Sol también necesita de sus planetas. Y la Tierra no iba a ser menos,
pues también se nutre de esa misma fuente de energía.

Todo empezó hace unos 13.500 millones de años con el
Big Bang, una gran explosión que generó hidrógeno y helio,
gases que fueron la base e inicio de todo lo que hoy conocemos. Sin embargo, siguiendo la estela de José Martí, un escritor y político cubano… «todo, como el diamante, antes que
luz es carbón», y no iba a ser diferente la creación de la Vía
Láctea. Lo que empezó como una nube de gas, lo que empezó
siendo carbón, acabó por convertirse en luz con la creación
del Sol hace unos 5.000 millones de años. La Tierra pasó por
un proceso similar y se formó hace 4.500 millones de años.
Hasta pasados 600 millones de años no se acabaron de confi-
gurar los océanos. La mayor parte del agua de nuestro planeta, según apoyan algunas teorías, se debe gracias a la entrada
de grandes asteroides provenientes del exterior que impacta-
ron en la corteza terrestre con una gran masa de agua conge-
lada que se derritió.

La Tierra es el tercer planeta del sistema solar y dista a unos 150 millones de kilómetros del Sol, siendo su tamaño un millón de veces menor que el Sol.

Inicialmente, la Tierra se originó a partir de una especie de extensa mezcla de nubes de gas de hidrógeno y helio, junto con rocas y polvo en rotación. Pero, como ya sabemos, todos necesitamos de todos. También de las estrellas, ya que sin ellas la Tierra no hubiese existido como tal, igual que nosotros sin nuestros padres. Gracias a los elementos químicos como el oxígeno, carbono, nitrógeno, cloro, sodio, oro, uranio, hierro, etc., que las estrellas liberan al espacio cuando expiran, se pudo formar nuestro planeta. Así es como, generación tras generación, han ido sembrando el espacio de elementos químicos que de otra forma no existirían; de ahí viene la expresión «somos polvo de estrellas».

Todos somos elementos químicos del universo. Si fuéramos al supermercado de la vida, ¿qué compraríamos para crear una persona? Las personas adultas estamos formadas por 43 kg de oxígeno, 16 kg de carbono, 7 kg de hidrógeno, 1,8 kg de nitrógeno, 1 kg de calcio, así como 0,8 kg de fósforo, 0,1 kg de potasio, 0,1 kg de azufre, 0,1 kg de sodio y 0,1 kg de cloro (además de otros elementos como magnesio, hierro, flúor, zinc, silicio, rubidio, estroncio...).

Y esta es también la historia de nuestra vida. Desde que nacemos nos configuramos como personas, pero para poder llegar a ser luz y llegar al bienestar emocional, primero partimos del desconocimiento, de la oscuridad, del no saber, y es necesario ese tiempo de construcción propia a partir del conocimiento del ser humano. Como decía la letra de una canción de *Mago de Oz*: «Cuando oigas a un niño preguntar "por qué el sol viene y se va", dile "porque en esta vida no hay *luz* sin *oscuridad*"».

Para pasar del desconocimiento al entendimiento del bienestar emocional debemos centrarnos brevemente en la formación de la vida, y para ello me he encontrado con varias teorías: que la materia orgánica pudo haber llegado desde el espacio, a través de algún meteorito, o que se generó a través de la misma Tierra por las células procariotas, que son unos organismos unicelulares sin núcleo. Las respuestas nos aportan seguridad y esta, a su vez, tranquilidad y bienestar emocional.

Como profesional especializado en ciencias, soy más de la creencia de la aparición de las células procariotas que, surgiendo de las moléculas generadas por la propia energía química de la Tierra, adoptaron la luz solar como fuente de energía, siguiendo los pasos de los planetas de la Vía Láctea. Millones de años más tarde, esas células trasmutaron a bacterias capaces de realizar la fotosíntesis, por lo que se empezó a consumir el CO_2 de la atmósfera para liberar oxígeno; y, con ello, se formó la capa de ozono que absorbió gran parte de la radiación ultravioleta del Sol.

Así, los organismos unicelulares que llegaron a la superficie de la Tierra tuvieron mayores probabilidades de sobrevivir y poco a poco se fue desarrollando la vida y las especies: primero los dinosauros y, posteriormente, los mamíferos, y entre ellos, nuestros primeros antepasados: los primates, hace unos 70 millones de años.

Segundo cuento. La especie humana y su evolución

Hace 6 millones de años, un pequeño mono africano fue el primer ancestro de nuestra raza, así como de los bonobos y chimpancés. Esto nos indica que conocer a nuestros antepasados es también conocernos a nosotros mismos. Sus conductas, su manera de relacionarse también forma parte de nuestro ser y, por ese motivo, vamos a profundizar un poco más en ellos, en nosotros; pues, como dijo Galileo: «La mayor sabiduría que existe es conocerse a uno mismo».

¡Así que... allá vamos! Al analizar el genoma humano y su proceso evolutivo, se ha descubierto que el *Homo sapiens* comparte casi el 99% de sus genes con el chimpancé y el bonobo. Para mayor precisión, el genoma de cualquier individuo de nuestra especie tiene una diferencia únicamente del 1,24% con respecto al genoma de los chimpancés y un 1,62% con respecto al de los gorilas. Si hay tan poca diferencia entre nosotros y ellos, imaginaros la cantidad de pensamientos y sentimientos en común que tenemos entre nosotros mismos, los humanos. Eso nos indica que, al final, todos acabamos operando de maneras similares, exceptuando nuestras peculiaridades; por eso estoy convencido de que este camino que estás iniciando con esta lectura te ayudará personalmente.

El primer punto en común entre nosotros, a diferencia de nuestros parientes primates, es la bipedestación.

El clima variaba continuamente, no había casi árboles y nos

teníamos que desplazar, para buscar comida y agua, por el suelo, con lo cual no veíamos lo que teníamos delante y éramos muy fácilmente devorados por las bestias. Tras muchos años de evolución, empezamos a caminar sobre las dos patas traseras.

Ya éramos plantígrados y nuestro cerebro iba creciendo y evolucionando. La adaptación de nuestra raza ante tales circunstancias hizo que fuéramos capaces de caminar erguidos. Esta evolución adaptativa tiene vital importancia para conocer por qué somos así en la actualidad.

En definitiva, todos pasamos por procesos de cambio, tal como lo han hecho nuestros ancestros y, a lo largo de nuestra vida, debemos adaptarnos a las dificultades que surjan para salir más fuertes. Ya lo decía Charles Darwin: «No es la más fuerte de las especies la que sobrevive, tampoco es la más inteligente la que sobrevive: es la que se adapta mejor al cambio».

Tercer cuento. Nuevos orígenes en África

Los cambios son necesarios, y, citando otra vez a Darwin: «En la lucha por la supervivencia, el más fuerte gana a expensas de sus rivales debido a que logra adaptarse mejor a su entorno». Y eso fue lo que sucedió.

Los primeros homínidos bípedos fueron los *australopitecos*, de los que se conservan esqueletos muy completos, un ejemplo es el de la famosa Lucy. Su desaparición se ha atribuido a la crisis climática que hace unos 2,8 millones de años condujo a una desertificación de la sabana, con la consiguiente expansión de ecosistemas esteparios.

El *Homo habilis*, el antepasado más antiguo del género humano apareció hace aproximadamente 2,4 millones de años. Su desarrollo evolutivo se produjo gracias a la introducción de la carne en su dieta, lo que provocó un aumento del cerebro y de sus capacidades cognitivas al incorporar una mayor cantidad de micronutrientes en su alimentación. Finalmente, desaparecieron hace 1,6 millones de años, dando paso al *Homo erectus*.

El *Homo erectus* fue el primer tipo de homínido capaz de manipular y trabajar con el fuego. De esta manera, pudieron batallar contra el frío y alimentarse de animales después de cocinarlos. Por lo tanto, su ingesta de carne era muy elevada, lo que generó modificaciones en las mandíbulas y en el cráneo. Más tarde, aparecieron el *Homo Neanderthal* y el *Homo sapiens*, que coexistieron hace unos 230.000 años.

Como se puede observar, los cambios son constantes y el acto de sobrevivir viene impregnado en nuestro ADN; por eso tengo la certeza de que cualquier ser humano es capaz de adaptarse a los estragos de la vida y superarlos. Para comprobarlo, solo tienes que echar la vista atrás, tanto hacia la historia universal como a tu vida personal. No eres la misma persona que hace unos años y no lo serás dentro de un tiempo. Evolucionamos.

Los instintos de la evolución

Esta breve introducción histórica me permite destacar la idea de que toda la evolución se debe a los instintos naturales que nos han permitido competir con la crudeza de la selección natural. Esos instintos, acumulados durante millones de años, se instalaron en nuestro cerebro como naturales: la supervivencia del ser (miedo), la supervivencia de la especie (reproducción), la jerarquía (poder y sumisión), la territorialidad (propiedad), las relaciones sociales, la ira, el éxito, la sorpresa, el asco, la tristeza y la alegría. Hace tan solo unos pocos miles de años que hemos empezado a disponer de más tiempo, para dedicarlo no solo a la supervivencia, sino también a la organización de pequeños grupos, es decir, a la convivencia humana.

En consecuencia, nuestro cerebro empezó a crecer gracias a una mejor alimentación y a nuevas emociones sociales que surgían de las relaciones entre los clanes, y es probable que de esta manera naciera el sentimiento de colaboración.

Partiendo de esta idea, evolucionemos; así que utiliza este libro como herramienta para llegar a tu bienestar emocional. Pero, antes, imagina por un momento que eres uno de esos primeros seres humanos, que te encuentras en medio de la naturaleza, pasas el tiempo cazando y recolectando, es decir, sobreviviendo... Las amenazas a las que te enfrentas pueden ser fuerzas de la naturaleza, los depredadores, las enfermedades y los enemigos. La respuesta para afrontarlas es la misma: la fuerza y la decisión, ya sea para tratar de escapar de un incendio, de pelear con un felino, o de enfrentarte a un enemigo del poblado vecino. Salir corriendo o luchar serán las dos mejores opciones para enfrentarte a esas amenazas. Ahora, imagínate en una fábrica o una oficina, o en el campo en el que trabajas de sol a sol... ¿Qué temes? ¿Inclemencias, felinos y tribus? Seguro que no, tal vez tendrías miedo a perder el trabajo, a no conseguir tus objetivos, a no poder llegar a terminar un trabajo a tiempo, a disgustar a tu jefe, o a diferentes problemas de índole profesional o familiar. Sin embargo, ninguna de estas amenazas se puede resolver corriendo o luchando. En unos pocos miles de años, hemos pasado de solucionarlo todo con el uso de la fuerza a resolverlo con la inteligencia. No obstante, un cambio de paradigma tan rápido no permitió a nuestro cerebro y al resto del organismo adaptarse a la misma velocidad, lo que provocó, y sigue provocando, que nuestro cuerpo reaccione a las amenazas tal y como lo venían haciendo nuestros antepasados, a pesar de que ahora estas amenazas sean muy distintas y requieran de estrategias completamente diferentes.

¡Conozcamos nuestro cerebro para poder elaborar las estrategias que necesitamos con el fin de afrontar los problemas con inteligencia!

3. Conozcamos nuestro cerebro

*«Cuando entendamos el cerebro,
la humanidad se entenderá a sí misma».*

RAFAEL YUSTE

¿Por qué considero vital un capítulo sobre el cerebro humano? Pues, como dijo Chaplin, «nuestro cerebro es el mejor juguete que se ha creado. En él están todos los secretos, incluso el de la felicidad».

El cerebro es la construcción más compleja del universo

El objetivo de nuestro cerebro es mantenernos con vida (como individuo y como especie) y, para hacerlo, utiliza dos estrategias: la primera es desconfiar (si de madrugada te cruzas con un extraño tu mente te advierte que podría tratarse de un tipo peligroso), y la segunda estrategia que tiene tu cerebro para mantenerte con vida es la de recordar (con todo lujo de detalles todo aquello que has vivido como una amenaza ...) porque recordar lo que se vivió como una amenaza puede salvarte la vida..

Cuando estudiaba Psicología tengo que decir que una de las asignaturas que más me fascinaba era la psicobiología. Siempre hemos oído que solo utilizamos una muy pequeña parte de nuestro cerebro, pero, en realidad, se trata de un mito, ya que usamos el 100%, aunque eso no quita que no podamos extraer mucho más potencial. Hoy, proyectos como el BRAIN (USA) sobre investigación del cerebro a través de la neurotecnología permiten conocer con más detalle los componentes y la actividad cerebral y, además, prometen aumentar cada vez más el nivel de resolución y analizar los miles de datos obtenidos en todos los niveles. Pero ¿qué características tiene este maravilloso órgano? ¿Cuánto pesa el cerebro humano? ¿Cuál es su tamaño exacto? ¿Con cuántas neuronas cuenta?

Qué curioso que la respuesta la encontremos en la evolución del ser humano. Todo, al fin y al cabo, se relaciona.

Así pues, descubramos cómo se estructura y funciona, ya que de esta forma pasaremos del desconocimiento a la luz y el bienestar, porque no hay que olvidar que la evolución nos ha dotado de este complejo y misterioso órgano.

En el *Homo sapiens*, el volumen del cerebro oscilaba ya en unos 1.200 cm^3 y actualmente es de 1.350 cm^3. Sin embargo, no solo es importante su volumen, sino también cómo se dispone y estructura el sistema nervioso central y en particular el cerebro. Un dato curioso sobre cómo se forma es que en el momento del parto está aún muy poco desarrollado, pues el proceso no se realiza solo durante la gestación del feto, sino que se prolonga extrauterinamente hasta los cuatro primeros años. A los tres años, el cerebro ya ocupa casi el 80% del tamaño que tendrá en la edad adulta. Además, el sistema límbico y el córtex cerebral ya se encuentran bastante desarrollados. Esto permite a los niños expresar y reconocer emociones, jugar, empezar a contar y hablar. Por ese motivo, la infancia se considera la etapa en la que el cerebro tiene su máxima capacidad de plasticidad, aproximadamente hasta los 10 años, por eso es muy importante dar la mayor cantidad de información y estímulos durante la niñez.

El cerebro no se termina de desarrollar hasta los 25 o 30 años, aproximadamente cuando se acaba de formar en su totalidad. La zona que tarda más en madurar son los lóbulos frontales, especializados en el control de la conducta, el razonamiento, la resolución de problemas, etcétera. Esto nos indica que somos capaces de moldear nuestras conductas y aprendizajes durante, al menos, media vida. Ya lo dijo Ramón y Cajal en su momento: «Todo ser humano, si se lo propone, puede ser escultor de su propio cerebro». Pero, para poder moldearlo a nuestro favor, es necesario conocer cómo funciona.

El aumento del cerebro y su especialización permitió la aparición de la lateralización, esto es, una diferencia notable entre el hemisferio izquierdo y el derecho, que se conectan entre sí mediante el cuerpo calloso.

Hemisferio cerebral izquierdo. Se cree que al hemisferio izquierdo le interesan los números y coordina la parte derecha del cuerpo. Es el que se utiliza para el razonamiento analítico, para la matemática, la lógica y tiene que ver con el lenguaje, el habla y la escritura. Se ocupa del orden y tiende a la disciplina.

Hemisferio cerebral derecho. El hemisferio derecho se utiliza para todo lo abstracto, como la música, el arte, la poesía, los colores y las formas. Es el hemisferio creativo, le gusta lo novedoso, es apasionado y con capacidad intuitiva.

En síntesis, el cerebro es un órgano que sirve para gobernar nuestro organismo y nuestra conducta, así como para comunicarnos. Se puede definir como el encargado de controlar y regular las funciones vitales, como el acto de respirar o los latidos cardíacos, pasando por el sueño, el hambre o la sed, hasta las funciones más mentales, como el razonamiento, la memoria, la atención, el control de las emociones y la conducta, entre otras; en definitiva, todo lo que sucede en nuestra vida, en la vigilia y en el sueño, ya sea respirar o tragar, mirar, escuchar, tocar o degustar algo, leer o escribir, cantar o bailar, pensar en silencio o hablar sobre nuestros pensamientos, amar u odiar, caminar o correr, planificar o actuar espontáneamente, imaginar o crear, etc.

La evolución es un hecho que también se da en la tecnología. Con la revolucionaria aparición de la IRM (imagen de resonancia magnética) a finales del siglo pasado, se ha podido cartografiar la actividad del cerebro.

Como decíamos al comienzo de este capítulo, durante la evolución humana el cerebro aumentó considerablemente, ya que en un inicio pesaba 400 gramos y actualmente pesa alrededor de 1,4 kilos. Tenemos el mayor cerebro de todas las especies en proporción a nuestro peso corporal, por lo que requiere de mucha energía para funcionar. Un 20% del consumo de energía de nuestro cuerpo lo gasta el cerebro. Asimismo, al ser un órgano tan complejo y delicado, la evolución nos ha dotado de unas membranas denominadas meninges que lo protegen de los golpes contra los huesos craneales. Y, además, dentro del cráneo, el cerebro también queda resguardado por el líquido cefalorraquídeo, que cumple funciones de protección, tanto físicas como inmunológicas.

Se estima que el cerebro humano está compuesto por 100.000 millones de neuronas y que estas, a su vez, se conectan entre sí formando 1.000 millones de conexiones por cada milímetro cúbico de corteza cerebral.

En suma, la complejidad de este sistema es tal que aun hoy en día con la aplicación de la última tecnología no hemos podido acabar de comprenderlo en su totalidad.

*Conociendo nuestro cerebro y gestionando
nuestras emociones, mejoramos nuestra vida.*

Me parece interesante recordar algunos conceptos de anatomía cerebral con el fin de poder comprender de dónde provienen nuestras emociones. De esta manera, las podremos trabajar y gestionar para mejorar nuestra vida diaria.

¿Cómo es el cerebro humano?

El cerebro es un órgano complejo que se ubica dentro del cráneo. Sin embargo, este término no se suele emplear de manera correcta, pues generalmente pensamos en todo el contenido de la cavidad craneal, cuando en realidad constituye el 85% del encéfalo formado por el cerebro, cerebelo y bulbo raquídeo. Pero entraré con un poco de más detalle, para poder diferenciar entre el cerebro primario o reptiliano, el cerebro emocional y el racional.

El tronco encefálico o cerebro reptiliano. Es la parte más primitiva del cerebro, pues hace 500 millones de años era lo único que existía. En cuanto a sus funciones, regula las más básicas, como la respiración, el latido cardíaco, el control de la temperatura corporal, la satisfacción del hambre o la sed mediante la búsqueda de alimentos, el deseo sexual, además de las respuestas de ataque o huida que aseguran nuestra supervivencia. No piensa ni siente emociones, solo actúa cuando nuestro cuerpo se lo pide.

Sistema límbico o cerebro emocional. Esta parte es la que almacena los recuerdos y las emociones. Comprende el tálamo, el hipocampo, el hipotálamo y amígdala cerebral, que se considera la base de la memoria afectiva, y se sitúa justo por encima del tronco. Entre sus funciones se encuentran las gestiones de diversas emociones (el miedo, la rabia, el amor, los celos), así como la memoria involuntaria, el hambre, la atención, los instintos sexuales, la personalidad y la conducta. En definitiva, regula las respuestas fisiológicas a determinados instintos, esto es, los instintos humanos.

Neocórtex o cerebro racional. Este elemento está situado por encima del sistema límbico y es lo que nos diferencia de los animales. Con el tiempo ha evolucionado a medida que se han ido desarrollando las capacidades cognitivas como el pensamiento, la creatividad, la imaginación, el lenguaje, la autorreflexión, la memoria y la concentración. Nos permite ejercer el control sobre nuestras emociones a fin de poder llegar a esclarecer los problemas, a la vez que nos ayuda a adquirir las habilidades para seleccionar el comportamiento adecuado en cada situación y tomar las decisiones más inteligentes para la supervivencia.

Representa el 80% del volumen del cerebro y su forma recuerda a la parte externa de una nuez, tal y como lo definió la especialista Rita Carter en 1998: «El cerebro humano tiene el tamaño de un coco, forma de nuez, el color del hígado al cocerlo y la consistencia de la mantequilla».

Básicamente, el objetivo de nuestro cerebro consiste en mantenernos con vida, como individuos y como especie, y, para ello, realiza dos estrategias: desconfiar y recordar. Con el acto de desconfiar trata de mantenernos con vida, por ejemplo, cuando te cruzas con un extraño de madrugada y tu mente te advierte que podría ser peligroso, mientras que recordando todo lo vivido como una amenaza, también trata de mantenernos a salvo.

En consecuencia, cuanta más carga emocional tengamos, mayor será la información que podremos retener en relación con los sucesos o acontecimientos. Por ejemplo, si naciste antes del año 1980, seguramente tendrás muchos recuerdos relacionados con el 11-S ¿Dónde estabas? ¿Quién te acompañaba? ¿Era un día soleado? ¿A qué hora sucedió? Cuenta cuantos años han pasado desde el 2001 y, ahora, detente y piensa un instante. ¿Qué comiste hace 10 días? ¿Qué ropa llevabas hace una semana? ¿Dónde aparcaste el coche hace tres días? El 11-S fue un día triste para todo el mundo y supuso un gran cambio. Como si se tratara de una guerra, tu cerebro no solo ha recordado los ataques a las Torres Gemelas, sino que también ha recopilado toda la información posible relacionada con aquel suceso, ¿no es cierto?

Cuando nos sentimos en riesgo, incluso años más tarde, la mayoría conservamos recuerdos de lo sucedido y todo lo que envolvía aquel momento. Se trata de recuerdos impregnados de emoción. Pero... ¿cómo es posible? El principal sistema encargado de ello es el sistema límbico, cuyo núcleo principal es la amígdala. Se trata de un elemento clave para la supervivencia, pues su función se centra en integrar las emociones con los patrones de respuesta correspondientes. De esta manera, provoca una respuesta a nivel fisiológico o la preparación de una respuesta conductual.

Gestión del miedo y reacción de lucha o huida

Una vez realizada una pequeña introducción acerca del origen del ser humano y sus funciones cerebrales, quiero que nos centremos en relacionar esos conceptos para conocer y comprender cómo actuamos y nos desenvolvemos ante determinadas situaciones. Considero que solo así podremos llegar a nuestro bienestar emocional, conociéndonos y cuidándonos.

Conviene, para poder continuar, que hablemos acerca de la gestión del miedo, ya que únicamente con su comprensión lo podremos evitar, tal y como declaró Marie Curie (la conocida científica polaca, pionera en el campo de la radiactividad y premio Nobel de Física y Química): «Nada en la vida debe ser temido, solamente comprendido. Ahora es el momento de comprender más, para temer menos». Y nada nos debe detener, aunque nos invada el temor, como decía François Mauriac (periodista y escritor francés, premio Nobel de Literatura): «El miedo es el principio de la sabiduría». Por lo tanto, emprendamos el camino del saber para conocer la dinámica cerebral que se genera ante esas situaciones.

La sensación de miedo y la reacción de lucha o huida tienen relación con las funciones principales de la amígdala, pieza clave en la supervivencia de nuestra especie, dado que permite que reaccionemos después de percibir un estímulo potencialmente amenazador para nuestra propia integridad física, hecho que estimula o inhibe la respuesta de lucha o huida. Las lesiones en la amígdala o su hiperestimulación pueden provocar reacciones extremadamente agresivas y, en consecuencia, la pérdida del sentimiento de miedo, con todas las repercusiones que eso supone.

La amígdala cerebral es la región del cerebro que se encarga de hacernos sentir emociones: sorpresa, miedo, afecto, alegría, excitación... Todas estas palabras denotan diferentes emociones que todos sentimos en el día a día. Son reacciones que tenemos ante estímulos que pueden venir tanto del exterior (por ejemplo, que te comuniquen una enfermedad o un esperado ascenso) como del interior de la propia persona (un pensamiento o recuerdo que te haga sufrir o sentirte feliz). Se trata de un elemento clave para la supervivencia, debido a que su principal función es integrar las emociones con los patrones de respuesta correspondientes a estas, provocando una respuesta a nivel fisiológico o la preparación de una respuesta conductual.

La amígdala es, pues, el principal núcleo de control de las emociones y sentimientos en el cerebro, controlando asimismo las respuestas de satisfacción o miedo. Sus conexiones no solo producen una reacción emocional sino que, debido a su vinculación con el lóbulo frontal, también permite la inhibición de conductas. La amígdala gestiona con gran precisión la emisión o inhibición de respuestas emocionales tanto en emociones positivas (como las reacciones de alegría o felicidad) como en otras emociones de carácter más adaptativo.

Regulemos nuestro estado de ánimo para estar de buen humor, con energía y ganas de luchar y vencer nuestros temores. Como dijo Daniel Goleman (psicólogo, periodista y escritor estadounidense): «La culpabilidad, la vergüenza y el miedo son los móviles inmediatos del engaño».

4. Emociones y sentimientos

*«La gente olvidará lo que dijimos, olvidará lo que hicimos,
pero nunca olvidará cómo la hicimos sentir».*

Maya Angelou,
poeta estadounidense y activista de los derechos civiles

Como hemos podido comprobar, toda nuestra vida gira alrededor de las emociones. ¿Cómo sería la humanidad sin ellas? ¿Y sin amor? ¿Sin miedo? ¿Sin culpa? Tanto las positivas como las negativas marcan nuestra vida.

¿Por qué jugaron un papel tan relevante en la supervivencia y la evolución de la especie? Lo que está claro es que forman parte de nuestra genética desde hace millones de años, desde los orígenes de la humanidad, ya que gracias a las emociones, estos primeros seres humanos consiguieron adaptarse a un entorno cambiante, desarrollando la capacidad de identificar los peligros para poder evitarlos. Por lo tanto, tienen una función adaptativa, es decir, que su finalidad se centra en la preservación; y tanto es así que el significado etimológico de la palabra «emoción», procedente del latín *emovere*, equivale a escapar, huir, luchar.

Las emociones son reacciones que todos experimentamos de forma innata, pero a pesar de ser conocidas son complejas y es necesario entenderlas en la medida de lo posible.

Por lo tanto, conviene profundizar en el conocimiento de las emociones. Sabemos que se originan en el sistema límbico y que se muestran de manera fisiológica, cognitiva y conductual. En un primer momento, aparece la reacción fisiológica, es decir, la primera reacción frente a un estímulo es involuntaria, pues aumenta la respiración y se realizan cambios a nivel hormonal, etcétera. Después, la amígdala entra en acción y pasamos a la parte cognitiva recordando situaciones del pasado que identificamos como parecidas en el presente para tratar de evitar o afrontar algo que consideramos amenazante. Por último, aparece la respuesta conductual, generando un cambio en el comportamiento, esto es, gestos faciales o movimientos del cuerpo en respuesta a esa emoción.

Resumiendo, los estados emocionales aparecen con la liberación de neurotransmisores y hormonas que más tarde los convierten en sentimientos y, finalmente, en lenguaje. Por eso es tan importante poder tener un control aproximado de nuestras emociones, porque al fin y al cabo son fundamentales en la toma de decisiones y para el proceso de aprendizaje de la memoria, ya que los recuerdos a largo plazo se muestran en los momentos en que los necesitamos gracias a las emociones.

De lo contrario, no recordaríamos el 11-S, ni nuestra boda o comunión, por ejemplo.

¿Cómo funcionan las emociones exactamente? ¿Y los sentimientos? ¿Cuál es su origen y cómo nos afectan desde que nacemos en nuestra vida personal, familiar y profesional? Para ello, os recomiendo leer *Inteligencia emocional* de Daniel Goleman, aunque también deseo aportar mi pequeño grano de arena sobre este tema. Los momentos más importantes los experimentamos a través de las emociones, ya sean agradables o dolorosas. En la vida, pasamos por diversos tipos de experiencias que nos aportan alegría, satisfacción y felicidad; pero también otras que dificultan las acciones o actividades de cada día y que no nos hacen sentir bien. Aquí es cuando aparecen los problemas de salud.

Cuando vivimos experiencias satisfactorias solemos estar contentos y con más energía, en otras palabras, gozamos de mejor salud y notamos menos malestares; en cambio, cuando algunas experiencias nos generan preocupación, angustia o malestar durante un tiempo prolongado, empezamos a sentirnos más débiles o vulnerables.

A modo de ejemplo más reciente tenemos el estado de emergencia, el confinamiento y las muertes por la pandemia del coronavirus.

A pesar de que hemos dicho que para evitar caer en dinámicas autodestructivas debemos controlar las emociones, tengo que contarte que no todas se pueden dominar. Es curioso, pero nunca sabemos con certeza cómo vamos a reaccionar ante determinadas circunstancias. Podemos responder luchando, huyendo, paralizándonos, etcétera. No obstante, lo que sí podemos hacer para lograr gestionarlas de la mejor manera posible es acercarnos a ellas, conocerlas, reconocerlas y ponerles nombre, porque así, desde la consciencia, conseguimos canalizarlas mejor.

El primer paso que te recomendaría es que aprendas a disfrutar de las pequeñas cosas que nos ofrece la vida. Vivir de esta forma es mucho más agradable, ya que con alegría aportamos felicidad a los demás y, por ende, a nosotros mismos. Pero también considero que examinar nuestros pensamientos, intentar ver las situaciones desde diferentes perspectivas, para poder cambiar aquellas que nos producen algún conflicto interior, nos ayuda a encontrar posibles soluciones y a sentirnos capaces de conseguir el bienestar emocional que buscamos para ser un poco más felices. En palabras de Schopenhauer: «Es difícil encontrar la felicidad dentro de uno mismo, pero es imposible encontrarla en otro lugar».

Tampoco debemos olvidar que a lo largo de nuestra vida no solo experimentamos situaciones difíciles, también las hay positivas. Del mismo modo sucede con las personas, porque estamos rodeados de gente saludable, personas vitamina, positivas, aunque también de individuos tóxicos. Quedémonos con los aspectos positivos y desechemos los negativos, ya que, al final, todo ello implica un trabajo mental. En este sentido, siempre recuerdo una frase de John Locke que me gustaría transmitirte: «Los hombres olvidan siempre que la felicidad humana es una disposición de la mente y no una condición de las circunstancias».

En síntesis, a partir de ahora nunca olvides la cita de C.S. Lewis (crítico literario inglés y novelista) «Las dificultades preparan a personas comunes para destinos extraordinarios». Viendo la vida de manera positiva podrás alcanzar tus metas, poco a poco, sin miedo, ya que el poder reside en nuestra voluntad de cambio, y como dijo Carl Jung: «Aquello a lo que te resistes, persiste. Lo que niegas te somete, lo que aceptas te transforma». Acepta tus emociones, ya sean positivas o negativas, y trabájalas poco a poco, pues solo así conseguirás llegar a un estado de equilibrio, bienestar, a la paz interior y a la felicidad.

Emociones positivas/agradables y negativas/desagradables

Comenzaremos clasificando las emociones para poder detectarlas con mayor facilidad. De manera general, podemos decir que se dividen en positivas y negativas.

Las emociones positivas, conocidas también como saludables, nos afectan de forma beneficiosa. La alegría, la gratitud y la satisfacción favorecen la forma de pensar y, por consiguiente, de actuar. Una actitud positiva frente a la vida nos ayuda a que nos sintamos bien.

Las emociones negativas serían las antagónicas de las positivas y afectan de manera perjudicial a nuestro bienestar. El miedo y la tristeza serían grandes ejemplos de este tipo de emociones aunque como ya hemos comentado antes, son un peso fundamental en nuestra supervivencia. No obstante, como todo en la vida, debe haber un equilibrio y este tipo de emociones no son nocivas en cantidades pequeñas. Forman parte de nuestro aprendizaje y nos ayudan a recordar las consecuencias de cierto tipo de conductas.

Iniciemos el camino del entendimiento sobre las emociones y el comportamiento en nosotros mismos.

Las emociones primarias o básicas

Según Paul Ekman, ante un estímulo experimentamos seis tipos de emociones básicas: la tristeza, la felicidad, la sorpresa, el asco, el miedo y la ira. Forman parte de nuestro ser y en todas las culturas constituyen un proceso de adaptación. Las describiremos para detectarlas.

- *Ira o enfado*: respuesta ante un abuso o agresión. Cuando sentimos ira o enfado, el rostro se enrojece, se contraen las pupilas y aumenta el flujo sanguíneo en las manos, así como el ritmo cardíaco y la adrenalina. Todo ello nos predispone a la lucha y a realizar acciones vigorosas.
- *Tristeza*: sirve para afrontar una pérdida. Cuando sentimos tristeza disminuimos nuestra energía y entusiasmo por las actividades placenteras y se ralentiza nuestro metabolismo. Su función consiste en ayudarnos a asimilar una pérdida.

Nuestros antepasados se quedaban en la cueva pero ahora no podemos quedarnos encerrados. Hay que salir y buscar estímulos que nos ayuden a superar dicha pérdida..

- *Miedo*: percepción de peligro. Respuesta ante una amenaza. Cuando sentimos miedo palidecemos, el cuerpo suele paralizarse un instante para generar una respuesta hormonal que predispone a la acción de huir. Se dilatan las pupilas y la sangre va a la piernas. Sin el miedo nos habríamos extinguido hace siglos.

- *Felicidad/alegría*: genera bienestar, que todo va bien. Cuando sentimos felicidad o alegría aumenta la actividad cerebral encargada de inhibir los sentimientos negativos y alivia los estados de preocupación. Ayudan a la convivencia. Nos da energía. En nuestros antepasados se debía a los excedentes de comida que tenían por la caza o la recolección, lo que les daba optimismo.

- *Asco*: provoca que el cuerpo sienta la necesidad de expulsar violentamente del estómago todo su contenido. El desagrado hacia ciertos materiales orgánicos pútridos y sus olores ha ayudado a que el ser humano evitara comer alimentos en mal estado que hubieran afectado negativamente su organismo.

- *Sorpresa*: es un estado de alteración emocional, resultado de un evento inesperado o imprevisto, como descubrir nuevas cosas, lugares, etcétera.

A partir de las emociones básicas se van construyendo el resto de las emociones.

Otros expertos psicólogos han descrito desde 90 hasta más de 300 emociones.

Una emoción que me gustaría resaltar no siendo de las 6 básicas es el *Amor*. Cuando sentimos amor se activa nuestro sistema nervioso parasimpático, dando lugar a un estado de calma y satisfacción, que favorece la convivencia al igual que pasa con la alegría y la felicidad.

Todas estas emociones primarias han sido fundamentales para la evolución de nuestra especie, pues sin ellas no hubiese sido posible nuestra supervivencia. Hoy seguimos teniendo estas emociones aunque actuemos de forma algo diferente. Aquí desempeña un importante papel la denominada *memoria emocional*.

Diferencia entre emociones y sentimientos

¿Nunca te has preguntado la diferencia entre emociones y sentimientos? Creo que es importante establecer unas directrices para que las puedas discernir, para que no las confundas, ya que así trabajarás mejor en tu bienestar emocional.

En síntesis, la emoción corresponde a una primera reacción que experimentamos ante un estímulo y tiene correlación con el sistema límbico. El sentimiento, en cambio, es el resultado de dicha emoción. Los sentimientos son más duraderos y se vinculan con la reflexión, o sea, no inician comportamientos de manera inmediata como las emociones. Para comprenderlo mejor, por ejemplo, una reacción emocional de miedo sería ver una serpiente y asustarnos en ese momento. En cambio, si habláramos de un miedo general hacia las serpientes sin estar ante la situación de peligro, se correspondería con un sentimiento de miedo.

En nuestra vida diaria, los sentimientos se manifiestan constantemente, por ejemplo, en el trabajo cuando se acerca nuestro jefe para comunicarnos un error, que puede ocasionar un despido. Este miedo que se apodera de nosotros se considera una emoción. Instantes después, al analizar la situación, aparecería una segunda reacción modificada por nuestros pensamientos, que correspondería al sentimiento al experimentar tristeza o enfado, incluso lástima o inferioridad.

Los seres humanos llegamos a experimentar muchos sentimientos, por eso he elaborado una lista con los 15 más frecuentes:

Los 15 sentimientos agradables:
 Simpatía, valentía, paz, admiración, afecto, optimismo, pasión, gratitud, satisfacción, generosidad, dignidad, agrado, placer, solidaridad, esperanza.

Los 15 sentimientos desagradables:
 Aburrimiento, agobio, enfado, odio, enojo, vacío, inseguridad, humillación, indignación, impaciencia, envidia, venganza, rechazo, celos, traición.

5. Hormonas del placer y la felicidad

Conocer nuestro interior, es decir, cómo funcionan los mecanismos de placer y motivación, es primordial para mejorar nuestro estado de ánimo con la búsqueda de actividades que potencien el desarrollo de estas hormonas que nos llevan al bienestar emocional.

Nuestro cuerpo es capaz de producir diferentes tipos de hormonas. La dopamina es la responsable del placer y la motivación; la serotonina se encarga de aliviar nuestro estado de ánimo; la oxitocina es la de los vínculos emocionales, y las endorfinas son las que producen el sentimiento de felicidad. La manera más rápida y eficaz de producir estas hormonas es con la activación de la sexualidad o con la realización de actividades placenteras como viajar, ocio, hacer deporte, entre otras. Cuando son liberadas a través del torrente sanguíneo generan sensación de bienestar, placer, euforia y felicidad. Sonja Lyubomirsky, investigadora y profesora de psicología, estaba en lo cierto: «La felicidad no está ahí fuera para que la encontremos, y la razón de eso es que está dentro de nosotros mismos».

En consecuencia, no busques la felicidad, trabaja para ser feliz y alcanzar tu bienestar emocional. Solo con el conocimiento y potenciando actividades que liberen este tipo de hormonas, podremos llegar a ese estado de plena satisfacción personal: nuestra paz interior.

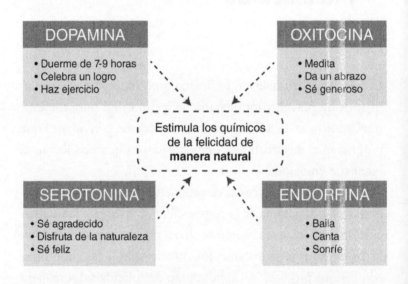

Solo podrás encontrar ventajas, pues ser feliz aumenta la autoestima, fortalece el sistema inmune, combatiendo así el envejecimiento, además de disminuir el estrés.

En definitiva, la felicidad está ligada directamente a estas hormonas, y para liberarlas existen varias alternativas. La clave reside en estimular nuestros sentidos. Haz deporte, realiza alguna actividad que te guste, abraza, haz el amor, come chocolate,* lee, ríete, en fin, haz lo que te haga sentir bien. Y sobre todo sé agradecido porque te traerá beneficios para tu salud.

A continuación, hablaré brevemente y de forma sencilla de algunas de las principales características de estas hormonas. Su conocimiento, muy probablemente, te llevará a la felicidad si las potencias en tu día a día. Encuentra un equilibrio entre ellas y serás vencedor, tal y como sentenció Thomas Merton: «La felicidad no es un tema de intensidad, sino de equilibrio, orden, ritmo y armonía».

Endorfina, oxitocina, serotonina y dopamina

Estas cuatro sustancias son diferentes porque cada una se origina en una parte del organismo y actúa sobre diferentes áreas. Veamos cómo se producen y qué beneficios aportan cada una.

Endorfina (analgésico natural). Una vez que estas sustancias químicas son segregadas por el cerebro y el sistema nervioso central, las endorfinas cumplen varias funciones a nivel psicológico ya que son verdaderamente importantes en nuestra vida, pues nos producen sensaciones de placer. Es por todos conocido que el ejercicio físico genera endorfinas, sobre todo las actividades deportivas cardiovasculares y aeróbicas, ya que

---

* Comer chocolate (recomiendo cacao 85%) mejora la circulación de la sangre. (Fuente: Hospital Universitario de Zúrich).

se produce un mayor esfuerzo físico y mayor sensación de logro. Crean una sensación de bienestar y calma, inhibiendo el dolor físico y psicoemocional.

No siempre es necesario realizar una actividad deportiva, muchas veces basta con relajarse, darse un baño, escuchar música, leer o meditar, pues todo ello genera una gran cantidad de endorfinas. También se generan al dormir, por eso solemos despertarnos de mal humor cuando no descansamos bien.

Te propongo que hagas una lista con actividades que te agraden para potenciar la segregación de endorfinas y que las realices, porque será un paso más para alcanzar tu bienestar emocional.

Oxitocina. Es mi hormona preferida, pues incide directamente en el estrés. Suelen denominarla la hormona del amor, del abrazo y de los vínculos emocionales, pues se libera en el alumbramiento, en la lactancia y en las relaciones sexuales. Una vez segregada al torrente sanguíneo, ayuda a controlar la ansiedad y a reducir la tensión arterial. Nos calma y nos relaja. Las actividades que nos ayudan a producir este tipo de hormona se pueden realizar en diversas situaciones de la vida diaria. Pueden ser una comida agradable, una conversación, un masaje, un abrazo, entre otras.

Asimismo, la resiliencia, que consiste en la capacidad de adaptarse ante situaciones estresantes o adversas, tiene relación directa con la facultad de segregar oxitocina, pues equilibramos el estrés y las emociones, y también nos ayuda para evitar anclarnos en estados de ánimo negativos.

La oxitocina, además, favorece el desarrollo de vínculos afectivos y tiene la capacidad de producir empatía, de forma que podamos reconocer las emociones de los demás y responder de una manera afectiva. En relación con este tipo de vínculo, el abrazo es una de las acciones más sencillas de ejecutar que potencian la liberación de oxitocina; aunque no implica que desaparezca el problema que nos preocupa, alivia nuestro sufrimiento y nos transmite el amor de la otra persona. Es como proporcionar un refugio al otro, un pequeño gesto repleto de sentimientos que recomponen a nivel emocional y un excelente medio de comunicación que no necesita palabras. Abrazar es hablar el lenguaje del corazón, porque sanamos con los abrazos. No hay mejores palabras que las de Paulo Coelho para definir la sensación que produce un abrazo: «Se dice que cada vez que abrazamos a alguien con gusto, ganamos un día de vida».

En definitiva, si abrazáramos o nos dejáramos abrazar más a menudo, todos funcionaríamos mejor porque nos proporciona plenitud.

¡Abracemos y dejémonos abrazar!

Serotonina. Esta hormona está considerada la base biológica de la felicidad y tiene como objetivo mantener un equilibrio emocional y el bienestar psicológico. Se genera un 90% en el intestino, ya que una de sus funciones más destacadas consiste en regular la digestión. Es un neurotransmisor que influye de forma directa en los estados depresivos. Además, también controla la temperatura corporal e influye en el deseo sexual y en la conciliación del sueño.

En este sentido, podemos ayudarnos a luchar contra los síntomas de la depresión a través de una dieta rica en alimentos que potencien la segregación de serotonina y su precursor, el triptófano (esencial para segregar la melatonina, que favorece el sueño y, junto la dopamina se encarga de equilibrar nuestro estado de ánimo).

En síntesis, para aumentar el nivel de serotonina, pensar en recuerdos felices también ayuda a aumentar su producción. Recuerda que uno de los síntomas de la depresión es no poder recordar los momentos de felicidad.

Dopamina. Suele describirse como la responsable de las sensaciones placenteras y de relajación, motivación y recompensa. Se asocia con los sentimientos de amor y lujuria, aunque también se la considera responsable de las adicciones. Asimismo, tiene un papel relevante en la toma de decisiones, es decir, podría ser uno de los factores que hay que tener en cuenta si una persona es más introvertida o extrovertida, más cobarde o valiente, más segura o insegura. Además, la memoria también se ve influida por la dopamina.

En suma, para alcanzar un mejor estado emocional y elevar la dopamina conviene establecer objetivos a corto plazo o pequeñas metas; y, sobre todo, celebrarlas cuando las cumplimos.

A continuación, me he tomado la libertad de añadir una lista de alimentos que pueden ayudar a aumentar las hormonas de la felicidad y a combatir los síntomas depresivos para mejorar vuestro bienestar emocional.

- Lácteos y huevo: son ricos en triptófano, un aminoácido que interviene directamente en la síntesis de serotonina.
- Frutas frescas, cereales integrales y legumbres como la soja y todos sus derivados, pues contienen mucha fibra que ayuda a contrarrestar la ansiedad y son muy beneficiosos para el tratamiento de los estados depresivos.
- Los frutos secos como las nueces, las almendras, las avellanas, etcétera, poseen triptófano en su composición química.
- Evitar el alcohol, ya que actúa deprimiendo las neuronas a pesar de que, en un primer momento, produce un estado de euforia, que luego se diluye, empeorando el estado de ánimo.

6. El bienestar emocional

«Cuida tus pensamientos porque se volverán palabras.
Cuida tus palabras porque se transformarán en actos.
Cuida tus actos porque se harán costumbre.
Cuida tus costumbres porque forjarán tu carácter.
Cuida tu carácter porque formará tu destino,
y tu destino será tu vida».

MAHATMA GANDHI

La vida es corta. Intenta ser feliz y disfrutar; vivirás más y mejor.

A lo largo de estos capítulos, mi intención es daros a conocer de una forma sencilla y amena los aspectos básicos de la psicología con el fin de saber qué debemos hacer para sentirnos bien y ser felices. Cada vez vivimos más años, gracias, en gran medida, al estilo de vida, a los avances de la medicina, la farmacología, los hábitos alimenticios y el ejercicio físico, entre otros.

Tu reto es asegurarte ahora la máxima calidad de vida durante el mayor número de años posible, estar bien emocionalmente, reducir el estrés, afrontar bien las situaciones del día a día; dicho de otro modo, buscar tu bienestar emocional.

Pero... ¿qué es el bienestar emocional?

La salud emocional hace referencia al bienestar psicológico general, es decir, a la calidad de nuestras relaciones, así como a la capacidad para gestionar nuestras propias emociones y afrontar las adversidades. Estar emocionalmente saludable no es solo no padecer depresión, estrés, ansiedad u otros problemas psicológicos o de salud.

Las personas emocionalmente sanas tienen las siguientes características:

- Sentimiento de satisfacción, entusiasmo por la vida.
- Capacidad de reír y divertirse.
- Capacidad de lidiar con el estrés y recuperarse ante las dificultades.
- Flexibilidad para aprender cosas nuevas y adaptarse al cambio.
- Equilibrio entre el trabajo y el ocio, el descanso y la actividad.
- Capacidad de construir y mantener relaciones satisfactorias.
- Confianza en sí mismas y alta autoestima.

Las emociones son fundamentales
para la adaptación de la especie.
No habría vida sin ellas, por eso ser capaz de aceptarlas,
gestionarlas y aprender es clave para alcanzar
nuestro bienestar emocional.

Mejora tu salud emocional. Cuida de ti mismo

Prestar atención a tus necesidades y sentimientos es fundamental a la hora de fortalecer y mantener tu salud emocional;
por lo tanto, evita que se acumulen el estrés y las emociones
negativas y mantén un equilibrio entre tus responsabilidades
y el ocio. Si cuidas de ti mismo, podrás sentirte más preparado
para enfrentarte a las dificultades que se te presenten. Para
ello, trata de seguir las siguientes indicaciones:

- Haz cosas por el bien de los demás, ya que es el mayor re-
galo que recibirás de ti mismo.
- Autodisciplina y autocontrol, porque te ayudarán a disi-
par los pensamientos negativos en momentos de nerviosismo.
- Busca conocer cosas nuevas. Realiza cursos, lee sobre temas que te interesen, aprende un nuevo idioma, o viaja a un
nuevo lugar.
- Disfruta de tus seres queridos, nunca te arrepentirás.
- Disfruta de la naturaleza, de la música, de pasear, navegar,
etcétera.

Realiza aquellas actividades que te motiven y aplícalas en tu
día a día. Cada uno es diferente, así que si eres de los que pre-
fieren relajarse y ralentizar tus movimientos, adelante. Y, si
eres de aquellos que se inclinan por actividades que producen más excitación o estimulación para sentirse mejor, adelan-

te también. Lo importante es encontrar lo que te guste y potenciarlo.

Las relaciones sociales

Según el estudio de la obstetra y ginecóloga Navneet Magon, publicado en 2011, «La vinculación social es esencial para la supervivencia de las especies (humanas y algunos animales), ya que favorece la reproducción, la protección contra los depredadores y los cambios ambientales e impulsa el desarrollo cerebral». Esta definición muestra la importancia de rodearnos de personas positivas y confiables. Los seres humanos somos seres sociales, necesitamos relacionarnos y establecer vínculos positivos con los demás individuos. Además, en momentos de necesidad y apoyo, es esencial ser escuchados y comprendidos, por lo que es muy importante contar con personas de confianza a nuestro alrededor.

Asimismo, la salud emocional también debe trabajarse en el entorno laboral. Con las recomendaciones anteriores podrás contar con un mayor control de tus emociones para enfrentarte a las situaciones adversas que se te presenten. Además, establecer un buen ambiente de trabajo es fundamental, para evitar caer en conductas tóxicas que generen malestar en ti mismo y en los demás.

Actualmente, me complace decir que podemos expresar nuestras emociones de manera abierta sin que ese hecho sea interpretado como una muestra de debilidad. Además, que cada vez más gente se ponga en manos de psicólogos es un claro indicador de que las cosas están cambiando a mejor, hacia una mayor búsqueda del bienestar emocional.

Pigmaliones. Personas vitamina-positivas/ personas endorfinas

Para tener un bienestar emocional rodéate de personas positivas, esto es, personas vitamina, porque mejoran tu estado de ánimo y tu salud.

Las personas vitamina son aquellas que transmiten buena energía, que empatizan contigo y te levantan el ánimo. Si después de pasar un rato con una persona llegas a casa con entusiasmo y mejor humor, ten por seguro de que se trata de una persona positiva. Rodéate de este tipo de personas, pues conseguirás que tus días sean más alegres y tu estado de ánimo se contagiará y mejorará. Comer o tomar algún aperitivo, café o refresco con una persona positiva, pasear, hablar, trabajar y hacer deporte es una inyección de endorfina que tu mente y tu cuerpo agradecen. Solo es necesario comprobarlo por la calle, verás personas que simplemente con andar llaman la atención y la gente las mira. También cautivan por cómo se expresan, hablan y sonríen, porque hay algo en ellas que brilla, desprenden positividad y buena energía. Son personas endorfinas.

Además, te servirán como referente para trabajar tu optimismo, ya que el pesimismo no sirve de nada. Las personas que digan que pensar de manera negativa previene o prepara para lo malo se engañan. Cuando se nos presentan situaciones complicadas o adversas, la emoción de la tristeza aparece igualmente, por eso es mejor pensar que las cosas pueden ir bien y, al menos durante ese tiempo de incertidumbre, también te preparas mentalmente y te predispones a ser más proactivo.

Si sigues este consejo, te puedo asegurar que el resultado final será mucho mejor que si te enfrentas a la vida con una actitud pesimista.

¿Por qué Pigmalión? El efecto Pigmalión se llama así por un mito griego que cuenta que un escultor se enamoró de la estatua que *él había tallado* en marfil y a la que Afrodita, la diosa griega de la belleza y el amor, dio vida conmovida por sus *súplicas*.

Con el nombre de efecto Pigmalión se hace referencia a la influencia que tienen sobre las personas las opiniones de su entorno.

En 1966, dos investigadores, Robert Rosenthal y Lenore Jacobson, pusieron en práctica un experimento con el fin de demostrar este efecto. Realizaron una prueba de inteligencia con el objetivo de predecir el potencial académico de los alumnos, para conocer después los que contaban con un mayor potencial. Sin embargo, al dar los resultados a los maestros, dieron los nombres al azar. Al año siguiente, volvieron a realizar la prueba y observaron que los niños de los que sus profesores esperaban un mayor rendimiento habían mejorado más que el resto. El experimento confirmó la teoría.

Por eso:

- Presta más atención a los puntos fuertes que a las flaquezas de quienes te rodean.
- Motiva, escucha, apoya y ayuda a fortalecer la autoestima (especialmente de los más pequeños).
- Presta más atención al esfuerzo que al resultado.
- Reconoce los aciertos.
- Entrena tu resiliencia (capacidad para superar dificultades).
- Agradece a quienes te ayudan.
- Aléjate de quienes resaltan el más mínimo error que cometes, los negativos, pesimistas, etcétera.
- Revisa antes de ir a dormir todo lo que durante el día se te ha dado bien y acepta que no puedes ser bueno en todo.

Repítete: Quiero a mi lado personas positivas, pigmaliones, es decir, personas vitaminas/endorfinas. Gente que sume, que me aporte, que me haga reír, que me haga sentir y estar bien.

Te propongo un ejercicio que te servirá como ejemplo:

Dos candidatos exactamente iguales que acuden a una misma entrevista de trabajo: uno de ellos cree que va a conseguir el puesto, mientras que el otro opina que no lo logrará. Ahora imagina cómo actuarán cuando se enfrenten a la entrevista de trabajo.

La actitud marcará la diferencia. El que cree que lo conseguirá investigará sobre la empresa, los proyectos, los clientes y la historia. El otro no se molestará, porque de qué le va a servir investigar acerca de una empresa en la que cree que no va a trabajar.

Mientras el primero mira con detalle cómo llegar a la entrevista y se asegura de salir con tiempo, el segundo seguro que hará lo posible por ser puntual, pero cabe la posibilidad de que no lo consiga.

El que cree que podrá conseguir el trabajo hará todo lo posible por mostrar su mejor imagen y escogerá la ropa con mimo, será positivo, sonreirá, mientras que su compañero quizás no le ponga el mismo empeño.

Al ir a la entrevista, el primero de ellos se mostrará cercano y saludará a quienes ya considera sus futuros compañeros, se mostrará atento e interesado durante la entrevista y hará lo posible por conocer los detalles del puesto. El segundo cumplirá, será adecuado e incluso puede llegar a mostrar interés, pero no tendrá la chispa del primer candidato.

Y... ¿quién crees que logrará el puesto?

Al tratarse de un ejemplo de actitud, no lo podemos saber. Pero lo que sí es seguro es que el primero tendrá la sensación de que ha estado cerca de conseguirlo y seguirá motivado en su próxima entrevista. En cambio, el segundo se reafirmará en su pensamiento de que no va a conseguir un trabajo, lo que exagerará aún más su conducta (nada positiva), dificultando, a su vez, sus futuras candidaturas.

Ahora, imaginaos hacer un viaje por el espacio con una persona negativa, pesimista... ¡Pensadlo! O, mejor dicho, ¡ni lo penséis! Sería un viaje atroz, con ganas de volver a la Tierra a los dos minutos, o de abrir la escotilla y saltar al vacío. Por ese motivo, a la hora de contratar, la NASA da prioridad a las personas con un elevado coeficiente de optimismo, es decir, a aquellas que tienden a ver los aspectos más positivos en todas las situaciones que se les presenten.

Se trata de elegir

José siempre estaba alegre y tenía algo positivo que decir. Cuando alguien le preguntaba cómo le iba, respondía: «Si pudiera estar mejor, tendría un gemelo». Era un gerente único, por eso varias camareras lo habían seguido de un restaurante a otro por su actitud. Era un motivador natural. Si un empleado tenía un mal día, José estaba allí para ayudarle a encontrar el lado positivo de la situación.

Este estilo me causó curiosidad, así que un día fui a buscar a José y le pregunté:

—No lo entiendo. No se puede ser una persona positiva todo el tiempo, ¿cómo lo hace?

Me respondió:

—Cada mañana me despierto y me digo «tienes dos opciones hoy: puedes elegir estar de buen humor o de mal humor». Opto por estar de buen humor. Cada vez que sucede algo malo, puedo escoger entre ser una víctima o aprender de ello; prefiero aprender de ello. Cuando alguien viene para quejarse, acepto su queja, o puedo señalarle el lado positivo de la vida; escojo señalarle el lado positivo de la vida.

—Sí, claro, pero no es tan fácil –protesté.

—Sí lo es –dijo–. Todo en la vida gira en torno a las elecciones. Cuando quitas lo demás, cada situación es una opción. Eliges cómo reaccionas, cómo la gente afectará a tu estado de ánimo y tú eliges estar de buen humor o de mal humor. En resumen: tú eliges cómo vivir la vida.

Inicié mi propio negocio y perdimos el contacto, pero cuando tenía que hacer una elección importante, pensaba en José. Más tarde me enteré de algo que le había sucedido en un restaurante. Antes de cerrar, se dejó la puerta de atrás abierta y fue asaltado por tres hombres armados. Le obligaron a abrir la caja fuerte, pero, mientras lo hacía, su mano, temblorosa por los nervios, resbaló al marcar la combinación. Los asaltantes sintieron pánico y le dispararon. Afortunadamente, lo encontraron pronto y lo llevaron a urgencias. Después de dieciocho horas de cirugía y algunas semanas de terapia intensiva, José fue dado de alta, aunque con fragmentos de bala en su cuerpo. Me encontré con él seis meses después del accidente y, cuando le pregunté cómo estaba, me respondió:

—Si pudiera estar mejor, tendría un gemelo.

—¿Qué pensaste en el momento del asalto?

Y contestó:

—Lo primero que vino a mi mente fue que debía haber cerrado con llave la puerta de atrás y, cuando estaba tirado en el suelo, recordé que tenía dos opciones: podía vivir o podía morir. Elegí vivir.

—¿No sentiste miedo?

José continuó:

—Los médicos fueron contradictorios. No dejaban de decirme que me pondría bien. Pero cuando me llevaron al quirófano y vi las expresiones de sus caras, me asusté... Podía leer en sus ojos «¡Es hombre muerto!». Supe entonces que debía hacer algo...

—¿Qué hiciste?

—Bueno... uno de los médicos me preguntó si era alérgico a algo y, respirando profundamente, grité: «¡Sí, a las balas!». Mientras reían les dije: «Estoy escogiendo vivir... opérenme como si estuviera vivo, no muerto».

Vivió por la maestría de los médicos, pero, sobre todo, por su asombrosa voluntad. Aprendí que cada día tenemos la opción de vivir plenamente porque, al final, la actitud lo es todo.

Como moraleja, me gustaría añadir una frase de Viktor Frankl (neurólogo, psiquiatra y filósofo austríaco) que siempre me ha cautivado: «A un hombre le pueden robar todo, menos una cosa: la última de las libertades del ser humano, la elección de su propia actitud ante cualquier tipo de circunstancias, la elección del propio camino».

7. La psicología

Este capítulo me interesa especialmente por dos motivos: el primero, porque para mí la psicología es mi profesión, y el segundo, porque también forma parte de mi vida y la de todos. En muchos casos, sin su ayuda no llegaríamos a alcanzar el bienestar emocional y, por ende, la felicidad.

Todos los que acudimos a un psicólogo partimos de esa búsqueda trascendental con la que mejorarnos, con la ayuda externa de un profesional, para sentirnos bien, ser más felices con nosotros mismos y con los demás. Por eso, he puesto este capítulo en mitad del libro, porque la psicología es el eje fundamental, el pilar sobre el que gira y rota todo. Personalmente, la considero como el sol que aporta la luz que todos necesitamos para vivir, es el campo que se puede aplicar en todos los ámbitos de la vida. Por ese motivo, me resulta curioso el hecho de que cuando sufrimos un dolor físico, como una gripe o un dolor de muelas, vayamos al médico o al dentista, pero no vayamos al profesional correspondiente cuando se trata de un dolor psíquico.

¿Por qué nos cuesta tanto ir al psicólogo?

En este aspecto, quiero aprovechar para realizar una pequeña reflexión sobre el importante papel que desempeñan estos profesionales en nuestra salud. Aunque sigue habiendo mucho desconocimiento, tabús y miedos a la hora de ponernos en manos de un psicólogo o una psicóloga, lo cierto es que nos ayudan a gestionar nuestras emociones y a afrontar mejor las dificultades que se nos presentan en el día a día.* Cada vez es más frecuente que una persona que está pasando por un mal momento decida hacer terapia psicológica. Sin embargo, también es muy común que esa persona no lo comunique con normalidad, es decir, como lo haría ante la visita a un médico. Esto indica que seguimos teniendo miedo de decir que vamos a un profesional de la psicología.

Actualmente, hay muchas personas que están pasando por una situación crítica: una enfermedad grave, la muerte de un ser querido, una separación o divorcio, una pérdida de empleo, ansiedad, estrés, relaciones familiares complicadas, acoso escolar y ciberacoso, invalidez, accidentes graves, etc. Pensad que esto nos puede ocurrir a nosotros en cualquier momento; de hecho, estas situaciones afectan a una de cada tres personas a lo largo de su vida.

Cuando yo estudiaba en la Universidad de Barcelona solo había tres especialidades: Psicología clínica, escolar y la del trabajo y organizaciones. Afortunadamente, hoy los tiempos

---

* En España contamos con unos 6 psicólogos de media, en el sistema público de salud, por cada 100.000 personas, mientras que en Europa la media son 16 y en Estados Unidos hay cerca de 40.

han cambiado y todo ha evolucionado para mejor, aunque queda mucho camino por recorrer. Hay muchas más opciones, más especialidades que hace algunos años y tanto la ciencia como la investigación han avanzado. Por lo tanto, es un orgullo poder decir que los psicólogos y las psicólogas actualmente estamos cada vez más preparados y que cada vez es mayor el número de personas que acuden a nuestras consultas.

Hoy en día, la psicología se divide en varias ramas, que a su vez se encuentran interconectadas, para dar respuesta a las causas y los efectos que las experiencias producen en los seres humanos. Más abajo describo algunas de estas áreas. De manera general, la psicología investiga los procesos mentales bajo tres dimensiones: cognitiva, afectiva y conductual. No obstante, estas se han ido desgranando hasta dividirse en las siguientes:

La **psicología fisiológica**, que se dedica a estudiar el funcionamiento del cerebro y el sistema nervioso.

La **psicología experimental**, que estudia la percepción y la memoria; para ello, utiliza técnicas de laboratorio específicas que ayudan al discernimiento de la conducta humana.

La **psicología social**, que se ocupa de analizar las influencias del entorno social en el individuo, a partir de las reacciones ante las experiencias que se viven.

La **psicología industrial** o de las organizaciones, que se encarga del estudio del entorno laboral en relación con un grupo de trabajadores e intenta comprender lo que puede ser nocivo dentro de la actividad que se desarrolla, es decir, busca soluciones a los problemas laborales.

La **psicología clínica**, que trata de estudiar y ayudar a aquellas personas a las que les cuesta afrontar su vida, como consecuencia de un trastorno mental, emocional o una afección particular.

A pesar de que esta ciencia se ha ampliado y estudiado con conciencia desde que sus pioneros Sigmund Freud, Carl Jung y Jean Piaget dieran los primeros pasos, aún nos queda mucho camino por recorrer, pero lo importante es ir avanzando.

Como dice un proverbio chino: «No tengas miedo a los cambios, solo ten miedo a permanecer inmóvil», así que... ¡alegrémonos por los cambios y porque esta ciencia siga creciendo! Porque, así, el bienestar emocional de la población mundial también irá en aumento.

Probablemente te hayas fijado alguna vez en que muchos profesionales e instituciones relacionados con el mundo de la psicología usan este símbolo. ¿Qué significa exactamente y cuál es su relación con la salud mental o emocional?

Psi, una letra del alfabeto griego.

El significado de la palabra «psiquis» se explica por la asociación entre la letra *psi* y la palabra de origen griego *psyche* que, aunque antiguamente fue empleada para designar a las mariposas, su significado evolucionó con el tiempo para nombrar aliento, ánimo, soplo de viento y, más tarde, alma y mente.

La psicología, etimológicamente ciencia del alma o ciencia de la mente, está compuesta por el prefijo psico- (*psyche*, mente) y el sufijo -logía (ciencia, estudio). Por extensión, el símbolo Ψ se popularizó también como una forma de designar a la ciencia de la mente.

La Psicología es una ciencia joven, y en un primer momento pensé que esta carrera era una de las pocas alternativas que tenía para dedicarme profesionalmente a lo que me gustaba; sin embargo, acabó dándome muchas claves del bienestar emocional.

La vida es una caja de sorpresas y desearía que este libro, sin ser técnico, os abra un mundo nuevo tal como me ocurrió a mí. Por lo tanto, seguid leyendo para saber más sobre la psicología cognitivo-conductual, pues estoy convencido de que os servirá en el camino hacia el bienestar emocional y la felicidad. Ponedla en práctica, ¡no os vais a arrepentir!

La psicología cognitivo-conductual trabaja con los pensamientos que un individuo tiene acerca de sí mismo y sobre todo lo que le rodea, también con la forma en que su entorno influye sobre sus percepciones, sentimientos y acciones.

Para que el paciente se sienta capaz de reconocer los aspectos cognitivos que le producen malestar se trabaja con un modelo de actuación basado en el diálogo socrático. El psicólogo le plantea preguntas al paciente para que reflexione acerca de sus pensamientos, con la finalidad de llegar al conocimiento a través de la conversación. Después, en las siguientes sesiones, ya se interviene sobre focos cognitivos concretos.

Catalogar las emociones, esto es, ponerles nombre, permite que la parte más primaria y emocional del cerebro salga a la luz. Así se explica por qué hablar de la emoción ayuda a aceptarla y gestionarla. Cuando decimos que la palabra cura, nos referimos exactamente a eso, pues una vez que se expresan en voz alta las emociones, esto nos permite aceptar lo que sentimos o lo que sucede para empezar a tomar decisiones resolutivas si es necesario.

En resumen, el trabajo del psicólogo no consiste en hacer que las personas sean felices, sino que lo que piensan sea coherente con lo que les sucede y, a su vez, que lo que sienten sea coherente con lo que piensan. Cuando pierdes a un ser querido, es lógico y adaptativo estar triste, pero no debe privarte de continuar sintiendo placer cuando aparezcan nuevos acontecimientos.

Las personas no solo sentimos en función de los acontecimientos que nos ocurren, sino que influye mucho más lo que pensamos acerca de lo que nos ocurre. Por eso, el reto del psicólogo consiste en que esos pensamientos sean racionales. Trabaja tú mismo los pensamientos utilizando este libro como si fuera tu psicólogo; te ayudará.

Por último, me gustaría añadir que, cuando me dediqué a estudiar Psicología, me entusiasmó la metodología con la que se afrontaban diferentes temas y algunas asignaturas. Por lo tanto, tuve claro que quería trabajar de la misma manera y aplicarla en los demás.

En el ámbito de la empresa, a la que he dedicado gran parte de mi trayectoria profesional, logré aportar un enfoque orientado al cuidado de los empleados. Gracias a esta forma de trabajar y entender la vida, también he ido superando muchas adversidades y, a la vez, he aprendido de muchas personas. Todas han sido experiencias que han dejado una huella en mí.

En definitiva, todos me han enseñado, y con esa intención he escrito este libro, para que vosotros también podáis aprender. La psicología es una ciencia que trata únicamente de ayudar, al igual que todas las palabras que he plasmado en estas páginas.

8. El estrés.
La mayor enfermedad
de este siglo

«No cargues nunca más de un tipo de problemas a la vez.
Hay quienes cargan tres, el que tuvieron,
el que tienen ahora y el que imaginan que tendrán».

E. Everett Hale

Seguramente, ahora os estaréis preguntando ¿por qué hablar sobre el estrés? Bien, está claro que no ayuda en absoluto a la hora de alcanzar el bienestar emocional. Se trata de uno de los principales motivos de consulta al psicólogo, junto con el estado de ánimo, la ansiedad o la depresión. El estrés es la epidemia del siglo xxi y conlleva más enfermedad y muerte de lo que podemos imaginar, ya que se calcula que ocasiona el 70% de las enfermedades comunes.

Pero ¿cómo se desarrolla? ¿Por qué lo sufre tanta gente? El ritmo de vida que llevamos, la situación socioeconómica y las condiciones laborales a las que nos vemos sometidos contribuyen notablemente a la aparición del estrés. En cualquier conversación de nuestro día a día, a nivel personal, familiar o profesional aparece esta palabra: «estoy estresado», «me siento estresado», «estás estresado», etcétera. Pero, realmente, ¿qué significa y qué consecuencias tiene para nuestra salud?

El estrés consiste en una respuesta adaptativa de nuestro organismo que se prepara para la lucha o la huida cuando se debe enfrentar ante una situación peligrosa o amenazante. No obstante, cuando dicho fenómeno se produce diariamente y se llega a cronificar, origina graves problemas en la salud física y mental del individuo. Que no te engañe el ritmo de vida que llevas o nos obliga a llevar la sociedad actual y sé fiel al siguiente proverbio chino: «La tensión es quien crees que deberías ser. La relajación es quien realmente eres».

Al tratarse de un problema tan global se han establecido varias definiciones.

La Organización Mundial de la Salud (OMS) define el fenómeno del estrés como las reacciones fisiológicas que en su conjunto preparan al organismo para la acción. Sería como una alarma, una respuesta necesaria para la supervivencia. Asimismo, una de las definiciones más recientes ha sido planteada por Bruce McEwen, neuroendocrinólogo estadounidense, conocido por sus trabajos sobre los efectos del estrés ambiental y psicológico, que explica: «El estrés puede ser definido como una amenaza real o supuesta a la integridad fisiológica o psicológica de un individuo».

A lo largo de nuestra evolución, el estrés tuvo una importante función a la hora de facilitar nuestra supervivencia, ya que la reacción de lucha o huida se genera gracias a una descarga de hormonas en el sistema nervioso simpático que tiene la función de dilatar las pupilas, aumentar nuestra fuerza, acelerar el ritmo cardiaco, entre otras, para que podamos ver mejor y ser más rápidos y fuertes. Es decir, lo que nos va bien a la hora de luchar o escapar, según el riesgo de la amenaza.

Hace millones de años nos alimentábamos de lo que cazábamos y estábamos en lucha continua con otras tribus y animales salvajes. Para correr, luchar, en definitiva, incrementar los niveles de azúcar en la sangre a fin de llenar nuestros músculos de energía, era vital que sea activara una hormona llamada cortisol (como detallaremos más adelante).

Hoy, la situación ya no es como hace millones de años, pero el cortisol se genera mucho más que antes, y este exceso es muy dañino.

Sin embargo, no nos encontramos en la época de nuestros antepasados más primarios, con lo cual... ¿qué amenazas tenemos hoy? ¿Tribus que pretenden saquear nuestro poblado? ¿Depredadores gigantes? Estaréis de acuerdo con que lo que solíamos temer hace millones de años requería de habilidades que poco o nada tienen que ver con hablar en público o responder a un jefe autoritario. Pues bien, a pesar de eso, el cuerpo sigue reaccionando de la misma manera, aunque la amenaza sea muy distinta; ese es el factor que da lugar a la ansiedad.

Todos tenemos familia, amigos, un entorno social en el que se generan situaciones que nos desestabilizan emocionalmente. Una organización que esté interesada en ocuparse del bienestar emocional de sus colaboradores pondrá el foco en la persona, es decir, se ocupará de abordar aspectos vinculados con el entorno laboral y las circunstancias del trabajador.

Es importante recordar que la presencia de estrés no implica que la causa esté relacionada con el trabajo, puede hallarse en el entorno personal, como la familia, los amigos, etcétera. En cualquier caso, sea cual sea el origen, en el marco de un entorno laboral saludable la organización debe poner a disposición de los trabajadores y sus familias los recursos necesarios para que puedan gestionarlo si los necesitan.

Debemos recordar lo importante que es el bienestar emocional en el trabajo, pues dedicamos aproximadamente el 33% del tiempo de nuestra vida al trabajo, otro 33% a dormir y el resto a ocio, familia y amigos o actividades varias.

¿Y cómo puedo detectar el estrés?

Para que podáis detectarlo como un síntoma perjudicial, se debe dar lo siguiente: en el organismo se genera una sobrecarga de tensión y se desencadenan enfermedades y anomalías patológicas que imposibilitan el normal desarrollo y funcionamiento del cuerpo. Conviene prestar atención a estos síntomas: problemas de memoria, alteración del estado de ánimo, nerviosismo, irritabilidad, ansiedad, agresividad, fatiga, dificultades para concentrarse y a la hora de tomar decisiones, etcétera. En las mujeres, puede producir, además, cambios hormonales importantes como el aumento del dolor abdominal en la menstruación. Cuando te sientas de esta manera, recuerda las palabras de Lauren Weisberger: «No hay estrés que no puedas calmar, no hay problema que no puedas resolver». Si aun así ves que la situación no tiene una posible solución, intenta aferrarte a la cita de M.P. Neary: «Una de las mejores maneras de reducir el estrés es aceptar las cosas que no puedes controlar».

El estrés positivo y el estrés negativo

En los humanos observamos dos tipos de estrés: el que describe una condición negativa o distrés y, por el contrario, el que implicaría una condición positiva o eustrés. El primero genera un malestar en el ser humano, mientras que el segundo produce un efecto mental de cierto bienestar, ya que te mantiene en alerta. Hay que recordar que se trata de una reacción en el organismo que ha favorecido y fomentado la supervivencia de nuestra especie y de otras especies animales.

En este apartado, nos interesa hablar sobre todo del distrés, que es el patológico, porque causa un desorden fisiológico en el organismo y acaba siendo el detonante de diversos tipos de enfermedades. Aunque hay que tener en cuenta que, gracias al eustrés o estrés positivo, podemos salir vencedores de una situación de peligro, o cuando debemos cumplir con una fecha límite.

¿Cómo se produce el estrés?

El cuerpo reacciona ante el estrés en el momento en que se liberan cierto tipo de hormonas que hacen que el cerebro esté alerta. Además, en esos momentos, los músculos se tensionan y aumenta el pulso, que es la manera que tiene el cuerpo de protegerse a sí mismo.

El problema viene cuando el organismo sufre un estrés crónico, es decir, cuando dura por un periodo de tiempo prolongado. Cualquier tipo de estrés que se alargue durante semanas o meses se cataloga como estrés crónico o agudo, y quien lo padece puede llegar a acostumbrarse tanto que es posible que no se percate de que lo sufre. Si no encuentra la manera de revertirlo, empiezan a aparecer problemas de salud, como presión arterial alta, insuficiencia cardíaca, diabetes, obesidad, depresión o ansiedad, problemas en la piel, como acné o eczemas, y problemas menstruales en las mujeres.

Asimismo, aumentan los factores inflamatorios y se modifica la flora bacteriana, que se va deteriorando. Además, en este tipo de situaciones hay un aumento de cortisol, que es la hormona que mayor importancia y papel tiene en el estrés; tampoco hay que olvidar los síntomas emocionales que causa, por eso he considerado muy importante hablar de las herramientas que pueden ayudar a reducir el distrés.

El cortisol

No es posible hablar de estrés sin profundizar en su compañero infatigable de viaje: el cortisol. Una hormona que producen
las glándulas suprarrenales localizadas encima de los riñones,
que ayuda al organismo a controlar el estrés y contribuye al
buen funcionamiento del sistema inmune. Es la hormona que
da la voz de alarma a nuestro cerebro ante cualquier peligro.
También, se encarga de reducir las inflamaciones y potencia
el metabolismo de las proteínas, las grasas y los carbohidratos,
además de mantener constantes los niveles de azúcar en sangre y la presión arterial. Como vemos, se trata de un elemento
fundamental para el bienestar emocional y físico.

Asimismo, junto con la adrenalina, su función principal es
la de preparar al organismo para los momentos de máxima
alerta, ya que el cortisol aumenta e incrementa la cantidad de
azúcar en sangre, a la vez que suprime el sistema inmunológico para ahorrar energía. La adrenalina, en un primer momento,
se ocupa de mandar la señal al cerebro para que libere glucosa
en el torrente sanguíneo, pero es el cortisol quien se encarga
de sintetizarla. Hecha esta breve introducción descriptiva, de
todos modos, el cortisol es muy positivo, ¡pero no nos enga-
ñemos! Esto que puede parecer muy apropiado para un momento puntual, no lo es cuando la situación estresante es constante y forma parte de nuestro día a día.

Generar cortisol de forma contínua, aumentar el nivel de azúcar en la sangre para enviarla a los músculos, tiene como efecto

dejar de realizar otras funciones: creación de tejidos, mantener el sistema inmunológico, luchar contra un virus... Como ya hemos comentado, generar cortisol de forma crónica es mortal.

El cortisol en exceso produce cansancio, cambios de humor, dolor de cabeza, bajones de defensas, irritabilidad, diarrea, calambres y lapsus de memoria, entre otros efectos.

El estrés está detrás del 70% de las enfermedades comunes, también de otras como las demencias tempranas y es el causante del 40% de las bajas laborales. Hay que tener en cuenta que el cortisol mata neuronas en el hipocampo, una región del cerebro muy importante para la memoria y, además, provoca un envejecimiento prematuro.

Ejemplo del vaso

 Para que entiendas un poco más toda esta explicación técnica, intenta visualizar el estrés como si fuera un vaso de agua medio lleno, que tienes que sostener entre tus manos un buen rato. Como casi no pesa, no sentiremos ningún tipo de cansancio; si lo mantenemos durante 30 minutos, en principio no pesa... ¿Y si lo aguantamos 60 minutos?, notaremos que la mano empieza a cargarse un poco más a causa del pequeño peso prolongado en el tiempo. ¿Y si fueran ocho horas? Al final, sentiremos que la mano y el brazo empiezan a dolernos.

Pero, imagínate aguantar el peso de medio vaso lleno durante días, semanas o meses. Esto es lo que ocurre en nuestro cuerpo con un estrés prolongado.

Algunos consejos para reducir el estrés

A modo de resumen, me gustaría dar algunos consejos que os ayudarán a reducir el estrés.

- Duerme como mínimo unas siete horas. Cuando falla el descanso, la mente no funciona con normalidad. Surgen problemas de memoria, aprendizaje, atención y concentración. Además, afecta al sistema inmunológico. El sueño es fundamental para renovar el hipocampo, que tiene relación con la memoria y el aprendizaje.
- Toma el sol unos 10 o 15 minutos diariamente, pues aporta energía y vitamina D.
- Realiza ejercicio como mínimo 30 minutos al día y, a poder ser, en el exterior.
- Bebe como mínimo dos litros de agua.
- Respira correctamente, es decir, trabaja las técnicas de relajación.
- Ríe, abraza, comunícate, expresa tus emociones.
- Mantén relaciones sexuales.
- Sé agradecido. La gratitud por la vida, por la presencia de los amigos o de la familia, por dar amor a los demás, también

libera endorfinas que nos producen sensación de bienestar y felicidad.

- Acude a un psicólogo siempre que lo necesites

Asimismo, he pensado que conviene tener presentes estos alimentos saludables y antiinflamatorios que ayudan a reducir el cortisol y el estrés:

- **Aguacate:** rico en vitamina E.
- **Sardinas y salmón:** ricos en ácidos omega 3, son cardiosaludables. Antiinflamatorios.
- **Frutos secos (nueces y avellanas):** las primeras tienen ácidos omega 3 y las segundas, vitamina E.
- **Sandías y melones:** ricos en vitaminas C y A.
- **Tomates:** ricos en vitaminas A, B, C, E y K, además contienen antioxidantes y carotenoides que protegen del desgaste celular y del corazón.
- **Zanahorias:** contienen antioxidantes y vitamina A, E y K, con abundante betacaroteno que protege la piel.
- **Coliflor y brócoli:** por su alto poder antiinflamatorio.
- **Cúrcuma y orégano:** son dos especias antiinflamatorias.

Además, la verdura, la fruta, los lácteos fermentados, entre otros alimentos, son pre- y probióticos, es decir, potencian la creación de la barrera impermeable de bacterias que recubre nuestros intestinos, grueso y delgado. El estrés, y su principal hormona vinculada, el cortisol, así como el alcohol, los antibióticos, el tabaco y el exceso de azúcar (entre otros factores) favorecen la destrucción de dicha barrera, como hemos comentado anteriormente. Como diría Anthelme Brillat-Savarín: «Dime lo que comes y te diré quién eres».

Las vitaminas del grupo B (antiestrés) para el sistema nervioso

¿Por qué son tan importantes este tipo de vitaminas? Las vitaminas del grupo B (B1, B6 y B12) mejoran el estado mental, la vitalidad y el buen funcionamiento del sistema nervioso; además, pueden ayudarte a combatir la depresión y el estrés. Son tan importantes que las puedes encontrar, incluso, en las farmacias o centros de dietética como complementos vitamínicos. No obstante, a continuación, expongo a modo de síntesis en qué alimentos las puedes encontrar:

La vitamina B1, también denominada tiamina, se ocupa del correcto proceso de los carbohidratos. Por ese motivo, es eficaz a la hora de mantener una actitud mental positiva, además de que potencia la capacidad de aprendizaje y la energía. También, ayuda a combatir el estrés y la pérdida de memoria, así como la demencia senil. Este tipo de vitamina la puedes encontrar en las legumbres, los cereales integrales, los huevos y en los frutos secos.

La vitamina B6, también denominada piridoxina, es la encargada de producir los glóbulos rojos, además de ocuparse del adecuado funcionamiento de los nervios. Este tipo de vitamina se puede encontrar en el pollo, el pescado, el plátano, la patata, las sardinas, las nueces y el salmón.

La vitamina B12, también denominada cianocobalamina, es vital para el metabolismo de las proteínas. Además, ayuda a la formación de glóbulos rojos y al mantenimiento del sistema nervioso central. Asimismo, mejora el sistema inmunitario y disminuye el cansancio y la fatiga. Este tipo de vitamina la puedes encontrar en la leche, los hígados, las almejas, las ostras y la carne de buey.

Un buen jefe

Uno de los aspectos clave del estrés en nuestra sociedad se centra en el ámbito laboral, ya que destinamos un tercio de nuestra vida al trabajo. Imagínate si tienes que estar cada día lidiando con un jefe insoportable y que te hace la vida imposible. Este tipo de situaciones ocasiona uno de los mayores porcentajes de bajas laborales en la población.

Recuerdo perfectamente a mi primer jefe cuando, siendo muy joven, comencé a trabajar en un pequeño hotel de la costa valenciana. Era un hombre serio y perfeccionista, en definitiva, un gran profesional que se había formado en la escuela de hostelería de Alemania y que me apoyó y depositó toda su confianza en mí a pesar de mi poca o nula experiencia como camarero. Aunque reconozco que también ayudaron mis ganas de aprender la profesión y mi actitud positiva.

La buena actitud es fundamental en todos los aspectos y en cualquier campo de la vida, como he comprobado en los mu-

chos procesos de selección que he hecho, en los que ha prima-
do la actitud frente a la aptitud.

Tengo que decir que aquella experiencia me aportó confianza en mí mismo y que terminé la temporada de verano con una
buena experiencia, unos buenos dinerillos (sobre todo por las
propinas) y con un gran aprendizaje sobre el liderazgo de personas. Supe en seguida que en el futuro quería actuar, con mis
colaboradores, como lo había hecho mi primer jefe. La confianza te ayuda a conseguir mejores cosas, y eso era lo que yo
deseaba ofrecer.

Así fue pasando el tiempo, trabajando verano a verano, mientras estudiaba. Hasta que terminé la universidad e inicié, como
muchos otros jóvenes licenciados, la búsqueda de un proyecto
profesional donde aplicar mis conocimientos.

Me incorporé a una empresa de servicios de selección de
personal y consultoría, en la que estuve trabajando durante
más de diez años. Allí conocí al que fue mi jefe durante un
largo periodo de tiempo y al que actualmente considero un buen
amigo, gran profesional. Con él volví a experimentar la confianza que te concede un buen jefe. Los resultados de la empresa nos acompañaban, porque su capacidad de trabajo era
excepcional, al igual que su honestidad y visión del negocio.
A veces, se producían ciertas tensiones (como pasa en muchas situaciones laborales), pero el aprecio y respeto nunca
se perdían y cada día aprendía algo nuevo. Gracias a eso pu-
dimos luchar por un objetivo común y conseguir buenos resultados.

Con el tiempo, uno se plantea encaminar su futuro profesional de forma autónoma para crear su negocio, y este fue mi caso. Así fue como me propuse montar, junto a un buen amigo, buena persona y profesional, una serie de centros de asistencia psicológica para dar servicio a empleados y clientes de empresas que necesitasen de ayuda psicológica y emocional. Un proyecto con buenos resultados y que ha ido creciendo con el tiempo, hasta hoy.

Sin embargo, reconozco que no es fácil encontrar buenos jefes. Yo he tenido la suerte de haber contado a lo largo de mi carrera profesional con buenos colaboradores, compañeros y jefes. Desgraciadamente, no siempre es así. Cuando tienes que aprender a trabajar, luchar con un jefe que no te apoya y no te respeta y que encuentra problemas por todas partes, hace que acabes tan desgastado, por esa constante lucha diaria, que te hundes emocionalmente.

Se puede tener el mejor producto o servicio, pero de nada servirá si los empleados están poco motivados o insatisfechos. Estar en un entorno profesional de este calibre, al que debes dedicar gran parte de tu tiempo, llega a ser mortal. El malestar emocional que produce tener un mal jefe o unos compañeros tóxicos hace que tu vida sea un verdadero suplicio y un sacrificio.

Cuando alguien se marcha de una empresa, generalmente suele ser por culpa de un mal jefe. Por eso, conviene seguir los consejos de Richard Branson, de Virgin: «Si quieres cuidar a tus clientes, primero cuida bien a tus empleados, y ellos cuidarán a tus clientes». Y recuerda siempre esta regla de oro:

Trata a los demás como te gustaría que te tratasen a ti.

En una de las salas de la ONU en Nueva York hay un mural hecho de cristales de murano en el que aparece esa inscripción.

Pero ¿cómo puedes ser un buen jefe? Según diversos estudios e investigaciones podríamos establecer 10 puntos clave:

1. Sé honesto. Diles a los empleados la verdad, aunque duela.
2. Delega. Aprende a dejar solos a los empleados.
3. Sé empático y comunica. La falta de comunicación siempre genera problemas.
4. Sé buena persona e inspira. Transmite pasión a la hora de realizar las tareas, así serás el foco de inspiración de tus empleados.
5. Alinéate con el equipo. Mantén a todos tus empleados enfocados hacia una meta a largo plazo.
6. Apoya la conciliación. La gente realiza mucho mejor sus tareas cuando puede equilibrar el trabajo y su vida personal.
7. Motiva. La motivación en tus empleados es clave para que potencien su crecimiento.
8. Otorga reconocimiento. Muestra apreciación por las labores de tus trabajadores, aun por las cosas pequeñas.

9. Sé un mentor. Actúa como un maestro antes que como un jefe. En lugar de decir qué hacer, muéstralo.
10. Sé justo. Tener favoritos desmoraliza al resto del equipo.

Lo cierto es que tanto en el trabajo como en la vida no siempre todo va a ser un camino de rosas, pero tener un buen jefe o trabajar en un buen entorno te aporta bienestar emocional. En esto, todos estaremos de acuerdo, porque los resultados son claros: eres más productivo, afable, estás más motivado y afrontas las dificultades con una buena actitud. En cambio, las presiones laborales o personales que aparecen día tras día en el trabajo pueden acabar generando un estrés crónico.

Las bajas por estrés, ansiedad o depresión representan más del 30% y las compañías pierden en España más de 8.000 millones de euros. Siempre lo he dicho y lo reitero: un mal jefe afecta a nuestra salud. Es mejor tener un buen jefe que un buen médico o un buen psicólogo.

Ejercicios

Estas prácticas sencillas y útiles están basadas en los modelos de la experta en gestión del estrés Elizabeth Scott y las puedes utilizar tanto para prevenirlo como para gestionarlo.

Un minuto de atención plena

Focaliza toda la atención en tu respiración durante un minuto. Deja los ojos abiertos, respira con el vientre, en lugar de con el pecho, y trata de inspirar por la nariz y espirar por la boca. Céntrate en el sonido y el ritmo de la respiración. Prepárate para que la mente deambule (porque lo hará) y esfuérzate por devolver la atención al objetivo que te has marcado cada vez que esto suceda.

Observación consciente

Escoge un objeto. Cualquier objeto cotidiano: una taza de café, un bolígrafo... Ahora permite que absorba completamente toda tu atención. Solo obsérvalo. Sé consciente de lo que estás observando para que te aporte la sensación de estar despierto. Advierte cómo la mente se libera de pensamientos y se centra en el momento presente. Es algo sutil pero poderoso. También, puedes practicar la observación consciente con los oídos en lugar de con los ojos. Algunas veces escuchar es mucho más potente que mirar.

Cuenta hasta 10

Este ejercicio no es más que una simple variación del ejercicio 1. En este caso, en lugar de centrarte en la respiración, cierra los ojos y cuenta lentamente hasta 10. Si en algún momento pierdes la concentración, debes volver a empezar por el número 1. En la mayoría de los casos sucede algo así:

«Uno... dos... tres... tengo que ir a comprar leche. ¡Oh, ups!, estoy pensando». «Uno... dos... tres... cuatro... esto no es tan difícil después de todo... ¡Eso es un pensamiento! Tengo que empezar de nuevo».

«Uno... dos... tres... Ahora, ya lo tengo. Realmente me he sentido concentrado».

Sigue intentándolo hasta que lo consigas.

9. La depresión

Me gustaría empezar este capítulo con una cita de Amado Nervo, poeta y novelista mexicano, que dice así: «Dime, amigo, ¿la vida es triste o soy yo el triste?».

Esta pregunta es la que seguramente se han hecho muchas de las personas a las que he tratado que padecían esta condición. Y quiero mencionar a otro importante autor francés, Gustave Flaubert, que ya nos advertía de lo peligrosa que puede llegar a ser a veces la aflicción: «Cuidado con la tristeza. Es un vicio».

Hace tiempo, la depresión se conocía con el nombre de melancolía, muy usada por los poetas románticos o incluso por nuestra contemporánea Susan Sontag: «La depresión es melancolía sin sus encantos». Pero ya aparecía descrita y referenciada en diversos escritos y tratados médicos desde la antigüedad. Hipócrates fue el primero en mencionarla, y fue en 1725 cuando Richard Blackmore le puso su nombre actual.

La depresión, cuyo origen etimológico procede del latín con el significado de «opresión» o «abatimiento», es un diagnóstico psiquiátrico y psicológico que hace referencia a un trastorno del estado de ánimo que produce desánimo, infelicidad y culpabilidad, impidiendo el disfrute de los acontecimientos de la vida cotidiana, es decir, «anhedonia». Desgraciadamente, en la actualidad, cada vez nos encontramos con más casos, o al menos es lo que observamos desde la psicología.

Esta enfermedad acarrea importantes consecuencias sociales, laborales y personales. Los individuos que la padecen suelen sentirse incapaces de realizar sus tareas diarias y, en consecuencia, también las laborales, a causa de un agotamiento que se refleja en una falta de interés hacia sí mismo, afectando a quien la sufre y a su entorno más cercano. Es una dolencia que si se hace crónica, puede llevar incluso al suicidio; sin embargo, si es leve, se puede tratar con psicoterapia profesional sin llegar a un tratamiento farmacológico. Por eso, siempre recomiendo la visita a un psicólogo cuando empezamos a notar algunos de sus síntomas, simplemente para prevenir nuestra salud mental. Una falta de detección precoz puede provocar una mayor duración del primer episodio y un aumento posterior.

Como el estrés, del que hemos hablado en el capítulo anterior, la depresión también está muy extendida. Tanto es así que incluso la OMS la ha clasificado como un trastorno de salud mental global, ya que la padecen más de 350 millones de personas.

Mis recomendaciones profesionales incluyen tres puntos fundamentales que hay que tener en cuenta. Creo que, de esta manera, os puedo ayudar a proteger vuestro bienestar emocional, previniendo conductas que puedan llevar a sufrir esta enfermedad tan común hoy en día:

1. La depresión no es una tristeza común, ni un síntoma de falta de voluntad o de debilidad de carácter. El paciente no puede escapar de su padecimiento por sí mismo; por lo tanto, es necesario aplicar un tratamiento antidepresivo.
2. Es vital escuchar con atención y comprensión al paciente, sin llegar a minimizar sus quejas o dolencias, sobre todo si muestra ideas o tendencias suicidas. En ese caso, es necesario evaluar ese riesgo.
3. Es muy importante poder animar al paciente para que vuelva a realizar las actividades que le producían placer. No obstante, no hay que mostrar reprobación en el caso de que no pueda aprovechar estos consejos, ya que únicamente indicaría que aún no se encuentra preparado.

Seguramente os preguntaréis: ¿podemos llegar a caer en una depresión sin darnos cuenta? ¿Cómo diferenciamos lo que es melancolía o tristeza de la depresión?

Para empezar, existen diversos factores ambientales que aumentan el riesgo de padecerla, como son el tabaquismo, la falta de sueño, el estrés psicosocial, la mala alimentación, la deficiencia de vitamina D, la inactividad física... Entre los factores psicosociales mencionados, el estrés y los sentimientos negativos, como la pérdida de un ser querido, una decepción sentimental, un accidente, entre muchos otros sucesos, pueden potenciar la aparición de la enfermedad. Asimismo, los síntomas de la depresión también se vinculan con procesos inflamatorios de enfermedades autoinmunes o neuroinflamatorias, así como cardiovasculares, esclerosis múltiple, enfermedad de Parkinson, diabetes, artritis reumatoide, entre otras.

Los principales tipos de depresión

La depresión, en realidad, abarca tanto que es necesario establecer diferentes tipos en relación con esta condición. Así pues, encontramos el trastorno depresivo mayor, el trastorno distímico y el trastorno ciclotímico, entre otros.

El trastorno depresivo mayor, el distímico y ciclotímico se consideran las formas más comunes de depresión, siendo estos dos últimos algo más crónicos, porque se hace patente una tristeza que persiste al menos durante dos años. También, debemos cuidarnos de algunos factores estresantes vitales, como el nacimiento de un hijo (depresión postparto),* el abuso de sustancias tóxicas (sobre todo del alcohol) o la presencia de una enfermedad orgánica crónica, entre otras, pues se asocian con un alto riesgo de desarrollar un trastorno depresivo mayor.

---

* Un problema que sufren dos terceras partes de las madres recientes que se manifiesta con tristeza, insomnio, letargo e irritabilidad.

Causas

Para poder prevenir una depresión, es de gran ayuda conocer las posibles causas, que en esta condición son bastante variadas. En este sentido, la bioquímica puede explicar algunos casos pero no todos. Las personas deprimidas presentan altos niveles de cortisol, y en el cerebro actúan diversos agentes químicos como la serotonina, la dopamina y la noradrenalina. Puede haber factores genéticos interrelacionados, aparte de los externos. No se conoce con exactitud qué provoca la depresión, pero lo que sí está claro es que se produce a causa de los desequilibrios de los neurotransmisores del cerebro, por lo que los fármacos antidepresivos ayudan a solucionar el problema.

Con un listado de los síntomas podremos tener una idea de qué se puede hacer para prevenir una depresión.

Síntomas

- Disminución acusada del interés o de la capacidad para el placer en todas o casi todas las actividades.
- Cambio de aspecto personal. Pérdida o aumento importante de peso sin motivo aparente.
- Insomnio o hipersomnia.
- Agitación o enlentecimiento en relación con la psicomotricidad.
- Fatiga o pérdida de energía diaria.

- Tono de voz bajo, constante tristeza.
- Excesivos o inapropiados sentimientos de inutilidad o de culpa.
- Disminución de la capacidad para pensar o concentrarse, así como indecisión.
- Pensamientos recurrentes en relación con la muerte, tentativa de suicidio.

Prevención

Sin obviar el tratamiento farmacológico o psicoterapéutico, es fundamental que una vez que haya hecho efecto en el paciente y se observe una mejora en su condición, seguir ciertos consejos o modos de vida:

- Potenciar los pensamientos positivos.
- Cuidar la salud física y realizar ejercicio físico.
- Mantener un calendario diario uniforme.
- Reanudar las responsabilidades de forma lenta y gradual.
- Aceptarse uno mismo.
- Expresar las emociones.
- Seguir el tratamiento farmacológico en todo momento y hasta que lo indique el médico.
- Reunirse periódicamente con el terapeuta.
- Mantener una dieta equilibrada.

Me gustaría acabar con una frase de Laurell K. Hamilton, que dice así: «Hay heridas que nunca se ven en el cuerpo que son más profundas y dolorosas que cualquier otra que sangre». Por eso es vital pedir ayuda y acudir a un profesional, para luchar por tu bienestar emocional.

10. La tristeza

«Uno puede fingir muchas cosas, incluso la inteligencia.
Lo que no se puede fingir es la felicidad».

JORGE LUIS BORGES

Cuando estamos tristes, es inevitable pensar que no somos felices; pero déjame confesarte que a pesar de ser una emoción vinculada a un dolor generalizado en el cuerpo, y sobre todo en el alma, se puede trabajar para liberarnos de ella y poder llegar al tan deseado bienestar emocional.

Para poder tratarla, debemos conocerla un poco mejor, ya que es una emoción que surge ante las pérdidas que sufrimos a lo largo de la vida y está caracterizada por la falta de energía. En un inicio, se vive como un dolor que nos deja el ánimo aplanado, sin deseo y con ganas de llorar. La sensación de pérdida suele ser muy palpable, ya sea real o fantaseada, y se trata de un proceso natural que nos lleva a la aceptación de la nueva situación. Al no tener más fuerzas para luchar por el desánimo que nos causa, no queda más remedio que soltar y dejar de forzar la realidad: «No puedes evitar que el pájaro de la tristeza vuele sobre tu cabeza, pero sí puedes evitar que anide en tu cabellera», dice un proverbio chino.

Muchas veces tratamos de evitarla realizando actividades, trabajo, etcétera, y no nos permitimos llorar autoconvencidos de que «la procesión va por dentro». Pero cuando la emoción no encuentra una vía de expresión adecuada, el organismo la busca por sí mismo a través de síntomas que, junto a otros condicionamientos, pueden llegar a provocar enfermedades. Por ese motivo, las actitudes evasivas no ayudan a sanar, al contrario. Hay que aceptar el dolor, tomar contacto con él y no autoengañarse. Llora y habla de lo que sientes y de lo perdido para asimilarlo. Busca maneras de expresarte y sigue el consejo de Francisco Villaespesa: «¡Siendo de dos una tristeza, ya no es tristeza, es alegría!».

También considero importante discernir entre dolor y sufrimiento, que es lo que nos provoca la tristeza. El dolor consiste en una expresión natural del duelo y surge ante la pérdida de lo que teníamos, pero tiende a desvanecerse y, finalmente, acaba desapareciendo. Sin embargo, a veces puede enquistarse, transformándose en sufrimiento. En este aspecto, para evitar males mayores, siempre recomiendo la visita a un profesional de la salud.

Estos consejos pueden ayudarte a afrontar la tristeza en el día a día:

• Cuando sentimos tristeza, lo mejor que podemos hacer es centrarnos en la causa de la señal, no en la señal en sí.

- La tristeza es una emoción normal y, como tal, forma parte de la vida. Tenerlo presente te ayudará a saber que no te pasa nada malo.
- Buscar apoyo en los demás hará que te sientas comprendido y te ayudará a sanar.
- Trata de normalizar la situación, sigue con tu ritmo de vida normal.
- Busca emociones positivas, como escuchar música o ir al cine. Las actividades agradables, positivas y reforzantes son la respuesta para la tristeza.
- Realiza deporte, pues genera endorfinas y produce una sensación beneficiosa para el estado de ánimo. Además, ayuda a conciliar el sueño.

En definitiva, no olvides las palabras de Federico García Lorca: «Desechad tristezas y melancolías. La vida es amable, tiene pocos días y tan solo ahora la hemos de gozar».

11. Reír y llorar

Con una sonrisa vas donde quieres, porque reír sienta bien. Lo afirmaba ya en su momento Kala Stevenson: «La risa ayuda a equilibrar una situación estresante».

Bajo mi punto de vista, y creo que todos estaréis de acuerdo, introducir un capítulo sobre el acto de reír y su opuesto, el acto de llorar, se relaciona íntimamente con el bienestar emocional. Lo comentaba en el capítulo anterior, pero aún no me había centrado en el tema de la risa, clave para soportar los momentos de estrés, o aquellos que consideramos adversos en nuestra vida.

Reír es otra forma de comunicarnos y de establecer vínculos emocionales positivos con los demás. Cuando reímos, los músculos de la cara envían una señal al cerebro que modifica tu humor. En el momento en que el cerebro recibe esas señales, notamos inmediatamente cómo influye en nosotros mejorando nuestro ánimo. No es necesario estar contento, solo con el movimiento que hacen los músculos de la cara al sonreír ya es suficiente para sentirnos mejor.

En los seres humanos, la risa aparece hacia los cuatro meses de edad y, según los recientes estudios científicos, constituye una forma de comunicación innata heredada de los primates. ¡Qué curioso! Volvemos a ver la importancia de lo que decíamos en el capítulo 2.

Los beneficios que la risa aporta a nuestra salud física y mental son enormes, ya que no solo potencia la liberación de endorfinas, también aumenta en un 20% nuestra memoria y, en otras palabras, nuestro cerebro recibe señales de tranquilidad. Todos nuestros músculos se relajan y liberamos las tensiones que pueden producirnos contracturas musculares o, incluso, úlceras de estómago. Además, también reduce el cortisol y aumenta nuestra capacidad pulmonar con las carcajadas, dado que los pulmones se expanden y el oxígeno se renueva.

Son tantas las ventajas que aporta a nuestro organismo que debemos encontrar siempre un momento al día para reír. De este modo, la risa también proporcionará grandes beneficios a nuestro estado emocional.

En realidad, no hace falta ser feliz para reírse, pero sí que es necesario reírse para ser feliz. Por eso, aunque tengas un mal día, o no encuentres motivos para sonreír, te recomiendo que practiques más el arte de la risa, ya que te cambiará el humor al instante.

Asimismo, uno de los beneficios más significativos es su poder para curar enfermedades. La depresión, el estrés, la ansiedad o la tristeza pueden desaparecer de la mano de la risa. También está comprobado que las personas con cáncer, si ríen más, tienen más posibilidades de vivir durante más tiempo.

Además, la risa nos ayuda a superar las adversidades. Si nos encontramos alegres, estamos más abiertos a lograr nuestros objetivos, nos mostramos más resolutivos y encontramos una salida a cualquier problema. Reír nos da la fuerza para alejar y vencer nuestros miedos y preocupaciones, con lo cual mejora nuestra vida en todos los sentidos.

En resumen, nos ayuda a ser más optimistas, porque estamos de mejor humor y vemos las cosas de forma diferente. Te animo a que si no te sientes feliz, practiques el arte de la risa, ya que cambiará tu estado al instante y te sentirás mucho más optimista. Y, como decía Colin Powell: «El optimismo perpetuo es un multiplicador de fuerzas». Ríe y siéntete invencible, podrás superar cualquier adversidad de la vida.

Llorar: la supervivencia

El llanto sucede cuando alguien derrama lágrimas como reacción a un estado emocional. Y todos, absolutamente todos, hemos llorado alguna vez a lo largo de nuestra vida, tanto niños como adultos.

¿Por qué lloran los niños?

Los bebés y niños pequeños lloran con intensidad por diversos motivos: hambre, frío, miedo o dolor... Pueden llegar a llorar a todas horas o varias veces al día. Ante la ausencia del lenguaje oral, es decir, el hecho de no poder expresarse como nos comunicamos los adultos, el mecanismo del llanto permite a los niños reclamar la atención necesaria para sus cuidados o expresar un malestar, ya que de esta manera tienen establecida la función de obtener la ayuda del adulto que satisface sus necesidades más básicas.

Se trata de una ventaja adaptativa de carácter universal que garantiza la supervivencia de la especie, tal y como señalaba Darwin en sus investigaciones sobre la adaptación de las especies.

¿Por qué lloran los adultos?

El ser humano es capaz de llorar desde su nacimiento hasta su muerte; sin embargo, a lo largo del desarrollo socioemocional, este mecanismo se modula en función de la capacidad de independencia que va ganando cada individuo. Un adulto no llorará por el hecho de tener frío o hambre, su mecanismo adaptativo habrá pasado a funciones más complejas y resolutivas, con lo que podrá realizar una búsqueda activa de su propio alimento o abrigo.

Pero, entonces, ¿por qué lloran los adultos si sus necesidades básicas las pueden cubrir por sí solos? ¿Lloramos menos cuando somos adultos porque ya no nos sirve este mecanismo? ¿Por qué hay personas que son más propensas al llanto? Con todas estas cuestiones pretendo demostrar que el acto de llorar es, en realidad, un mecanismo complejo en el que confluyen funciones fisiológicas, psicológicas y sociales.

La función biológica de las lágrimas

Entremos un poco más en materia. Al año, llegamos a generar alrededor de 100 litros de lágrimas (si, has leído bien, 100 litros de media al año por persona adulta), ya sea por el hecho de protegernos del polvo y los gases, o por situaciones emocionales complejas que nos suceden a lo largo de la vida.

Pero ¿por qué es bueno llorar? Cuando lloramos por angustia o tristeza eliminamos cortisol, por ese motivo nos sentimos liberados de tensión y desasosiego. Además, no hay que olvidar que no solo se llora por tristeza, angustia, frustración o dolor, también lloramos de alegría y sorpresa. Por eso, llorar es beneficioso y nos ayuda a mejorar nuestro bienestar emocional.

El llanto y su relación con la salud emocional

Es curioso que el ser humano sea la única especie que llora por motivos emocionales. Con el llanto, los humanos liberamos cierta hiperactividad, por ejemplo, picos de estrés, lo que nos ayuda a reestablecer el equilibrio emocional. En Japón se practica el *rui-katsu*, que son sesiones en las que, por medio de imágenes o películas, la gente llora para sentirse mejor. Llorar nos ayuda a relajarnos, porque es una descarga emocional vital y muy beneficiosa, pues permite expresar o demandar apoyo del entorno. Además, activa la capacidad de empatía y protección afectiva de los demás, lo que refuerza las relaciones personales.

Lamentablemente, en la actualidad, el llanto a veces se considera una emoción negativa, pues muchas personas se perciben a sí mismas como vulnerables o débiles, pero debemos pensar lo contrario. Si llorar sana, llorar es algo positivo. En este sentido, ten presente el siguiente proverbio escocés: «Las lágrimas derramadas son amargas, pero más amargas son las que no se derraman».

12. El duelo

A lo largo de la vida, todos nos enfrentamos a la muerte de un ser querido, y ante esta pérdida, los más allegados, como los familiares y amigos, experimentamos un proceso natural: el duelo. Afecta a todas las dimensiones de la persona: la parte emocional, la conductual y la física. En este capítulo, te ofrecemos algunas claves para entenderlo y conocer sus diferentes fases.

Nuestros antepasados vivían en un mundo donde la muerte de las personas y los animales se vivenciaba como algo natural. Se moría en casa, rodeado de los seres queridos. Desde niño, se aprendían esos patrones de conducta al observar cómo se comportaban los adultos, en las situaciones de duelo. Los amigos y vecinos acompañaban al doliente y al moribundo y le brindaban apoyo y consuelo en el difícil trance del final de la vida.

Además, el velorio del fallecido se realizaba en el seno de la familia y formaba parte de las ceremonias internas. Tampoco hace tantos años y todavía en algunos países así sigue siendo. Recuerdo perfectamente la muerte de mi abuelo, ese médico que menciono en mi historia personal y que murió en su casa. Cuando se vive la pérdida de un ser querido, el sufrimiento acompaña todo el proceso de duelo.

El duelo se considera una de las experiencias más duras por las que pasa un ser humano en el transcurso de su vida. Aunque muchas veces se asocie a la muerte, dicho fenómeno también puede ocurrir cuando perdemos un trabajo estable, durante una separación o divorcio, o si sufrimos un desamor; en definitiva, generalmente se produce cuando sentimos una pérdida. Por ese motivo, me ha parecido importante centrarme en este tema, pues el duelo lleva a un desequilibrio del bienestar emocional. Me parece fundamental facilitaros las herramientas para poder superarlo poco a poco y así ayudaros en vuestro proceso si os encontráis en una situación similar. También, al final del capítulo, incluyo algunas recomendaciones y respuestas a las preguntas que nos hacéis a los profesionales.

Sin duda, superar el duelo es un proceso arduo y complicado. Para superarlo, es necesario que la persona pase por una serie de etapas, ya que es una experiencia muy dolorosa y cada individuo la vive a su manera. Asimismo, existen varios tipos de duelo, por lo que, además, es difícil hablar de una secuencia de acciones que realizar para aceptar esta experiencia de la mejor forma posible.

Cuando lo que acontece es la muerte de alguien cercano y querido, el dolor que sentimos es siempre muy profundo. Aunque la pérdida se vea como una parte natural del ciclo de la vida, es inevitable tener largos periodos de tristeza y confusión. Además, no hay que olvidar que cada persona sobrelleva el duelo de distinta forma, aunque los profesionales de la salud consideran que contar con apoyo del entorno social y mantener hábitos saludables son esenciales para una buena recuperación. Superar –que no olvidar– una muerte puede llevar años, aunque el periodo estimado puede variar según la persona.

A todo esto, debe añadirse la relación personal que se mantenía con la persona fallecida, ya que, si era complicada, puede agregar otra dimensión al proceso de duelo y se puede necesitar mucho más tiempo para lograr ver la relación con nuevos ojos y acostumbrarse a la pérdida.

En realidad, el ser humano cuenta con una gran capacidad de resiliencia, pues la gran mayoría puede superar la pérdida y continuar con sus vidas. Cuando, por el contrario, algunas personas lidian con el duelo sintiéndose incapaces de llevar a cabo sus actividades cotidianas podrían pasar por lo que se conoce como duelo complicado y la ayuda de un psicólogo les beneficiará mucho. Siempre hay que buscar diferentes vías para encontrar el bienestar emocional y la paz interior.

Sin embargo, ante una pérdida y durante el proceso de duelo mucha gente suele preguntarse: ¿El hecho de sentirme todavía triste después de tanto tiempo significa que nunca lo superaré? ¿Qué puedo hacer para recuperar las riendas de mi vida? ¿Cómo sé si mi duelo ya ha acabado?

Para vuestra tranquilidad, y tras muchos años de experiencia en el ámbito de la atención psicológica en procesos de pérdida y duelo, he de decir que el duelo es un proceso natural y muy complejo que afecta a la totalidad de la persona en todos los niveles, tanto físico, emocional, cognitivo como espiritual. Durante este proceso, la persona pasa por una serie de fases que expongo a continuación para que, si os encontráis en esta situación, os sirvan de guía a la hora de recuperar el bienestar emocional.

Las cinco fases del duelo

A lo largo de los años, han aparecido diversas teorías sobre las fases por las que pasa una persona durante un periodo de duelo. Una de las más mencionadas es la de la médica y psiquiatra Elisabeth Kübler-Ross, que se publicó en 1969, en *On death and dying*, donde describe las cinco etapas del duelo. Sin embargo, estas cinco fases no siempre van encadenadas en forma secuencial, ni todas las personas las atraviesan en el mismo orden.

Según la teoría de Elisabeth Kübler-Ross, las etapas del duelo serían las siguientes:

1. Negación

Es la primera de las fases y se caracteriza por el hecho de que la persona no acepta la realidad, ya sea de forma consciente o inconsciente. Se trataría de un mecanismo de defensa y es perfectamente normal. De esta manera, el individuo en proceso de duelo logra reducir la ansiedad del momento.

El verdadero problema se da cuando las personas se estancan en esta etapa, al no poder afrontar el cambio traumático y al ignorarlo como respuesta defensiva.

2. Cólera o ira

La tristeza puede acabar llevando a la persona a sufrir ira y rabia y, por ende, a buscar culpables. Esta emoción puede llegar a manifestarse de diferentes maneras, culpándose uno mismo o culpando a los demás, incluso puede proyectarse contra animales y objetos.

3. Negociación

En esta etapa, se busca una negociación ficticia. En este sentido, muchas de las personas que se enfrentan a la muerte tratan de negociar incluso con una fuerza divina.

Otras personas, las que sufren un trauma menor, pueden acabar realizando otras negociaciones o compromisos, con frases del tipo: «¿Podemos seguir siendo amigos?», o «Voy a conseguir esto por ti». La negociación no proporciona una solución, pero sirve para reducir el dolor del momento.

4. Depresión

La muerte de alguien querido lleva a cualquier persona a padecer una enorme tristeza, así como una crisis existencial cuando se percatan de que esa persona ha desaparecido totalmente de su vida. Aunque los síntomas se parecen al trastorno depresivo, la sintomatología remite con la aceptación de la situación.

5. Aceptación

Esta aparece cuando se ha aceptado la situación dolorosa, y depende de las herramientas de cada uno que se consiga antes o después. No se trata de una etapa que represente alegría, sino más bien desapego emocional y comprensión de lo sucedido. Si la persona pasa mucho tiempo en proceso de duelo sin llegar a aceptar la situación, sería recomendable que buscara ayuda psicológica para superarlo.

Una vez que se ha superado el duelo de manera óptima, el transitar por estas fases suele implicar llevar a cabo las cuatro tareas que fueron descritas en 1997 por el psicólogo J. William Worden.

Las cuatro tareas del duelo

Se trata de cuatro tareas que se realizan de manera natural, ya sea en el orden descrito a continuación o variando esta secuencia. En realidad, para llegar al bienestar emocional lo importante es que se trabajen.

1. Aceptar la realidad de la pérdida. No es sencillo asimilar la muerte de un ser querido. En un primer momento, al recibir la noticia solemos pasar por una fase de incredulidad, que sería cuando nos llegamos a decir frases del tipo: «no puede ser verdad» o «es imposible» y ocurre incluso en aquellos casos en los que la muerte estaba anunciada. El indivi-

duo suele entrar en estado de *shock* y no digiere la realidad. Por lo tanto, la primera tarea del duelo implica afrontar la realidad de la pérdida del ser querido que ha muerto y el hecho de que nunca más volverá. Para salir del estado de *shock* se trabaja la negación, es decir, se asimila la pérdida a nivel cognitivo. Para llevar a cabo esta tarea se recomienda recordar a la persona fallecida y hablar sobre ella, sobre su muerte, la relación que teníamos con esa persona, sus virtudes, defectos, sobre todo lo que necesitemos expresar.

2. Trabajar las emociones y el dolor de la pérdida. Muchas veces, cuando se manifiestan las emociones de tristeza o rabia, se intenta evitarlas para no sufrir o sentirnos fuertes. Sin embargo, la negación del dolor, en realidad, provoca más sufrimiento. Así pues, esta tarea implica identificar y expresar las emociones y los sentimientos que afloren. Es vital experimentar el dolor que nos provoca la muerte de un ser querido. En este sentido, el consuelo y apoyo emocional de nuestros allegados nos puede ayudar a poner nombre a estas emociones, así podemos llegar a expresar lo que sentimos y que aún no hemos conseguido verbalizar. Además, con esta tarea se logran resolver asuntos que quedaron pendientes al morir la otra persona, exteriorizando así sentimientos de culpa, soledad o angustia, entre otros.

3. Adaptarse a un entorno en el que el fallecido ya no está. Cuando alguien muere, siempre deja un vacío en las personas de su entorno, tanto emocional como por las responsabilidades que estaban a su cargo. Con la muerte de un ser

querido, todos experimentamos la pérdida de una parte de
nuestra identidad que debemos reconstruir, asumiendo nuevas responsabilidades. Por lo tanto, esta tarea implica adaptarnos de nuevo a la vida cotidiana y trabajar una nueva imagen de nosotros mismos, así como reajustar la manera en
que entendemos el mundo.

4. Recolocar emocionalmente al fallecido y continuar vivien-
do. Es difícil imaginarse siendo feliz de nuevo, y seguramente si estás pasando por un proceso de duelo no te encuentres en esta fase todavía. Ahora bien, para proseguir
con nuestras vidas sintiéndonos felices a pesar de la pérdida, debemos buscar un lugar simbólico donde recolocar
emocional y cognitivamente al difunto. No se trata de re-
nunciar a él, sino de que el vínculo que nos unía permanez-
ca vivo, encontrándole un lugar en nuestra historia emocional. Por ejemplo, podemos encenderle una vela, colocar
una foto en nuestra casa, etcétera. Este vínculo, obviamente, será diferente al de antes de su muerte, pero al aceptar
el acontecimiento, podremos volver a sentir bienestar, ya
que le damos una nueva perspectiva a la pérdida y experimentamos una transformación personal.

Entonces, ¿cuándo podemos saber si nuestro duelo ha finali-
zado? Cuando nos percatemos de que hemos escogido vivir de
nuevo, intentando ser felices con las demás personas de nuestro entorno.

Tipos de pérdidas

Por último, me gustaría mencionar las diferentes pérdidas que podemos experimentar, puesto que la etapa de duelo no necesariamente debe ocurrir por la pérdida de un ser querido. Si te sientes en un proceso de duelo y no has perdido a ningún ser querido, seguramente se trate de alguna de estas otras pérdidas:

- Pérdidas relacionales: relación con la pérdida de personas al separarnos, divorciarnos y, obviamente, al morir un ser querido.
- Pérdidas de capacidades: relación con la pérdida de ciertas capacidades físicas o mentales, por ejemplo, por una amputación, una demencia, entre otras.
- Pérdidas materiales: relación con la pérdida de objetos, por ejemplo, cuando te roban.
- Pérdidas evolutivas: relación con las etapas de la vida: vejez, jubilación, etcétera. No todo el mundo encaja igual este tipo de situaciones.

Es importante recalcar que no todas las pérdidas generan un duelo; sin embargo, dependiendo de los recursos u otras variables psicológicas, como la autoestima o la falta de habilidades sociales de cada individuo, las pérdidas pueden provocar malestar y sufrimiento durante más o menos tiempo.

Algunas preguntas que nos hacemos o nos hacen a los profesionales sobre el duelo son:

¿Qué síntomas tiene el duelo?

- Se mezclan distintos sentimientos: tristeza, apatía, angustia, rabia, culpa, abatimiento, injusticia...
- Manifestaciones físicas: dolor de cabeza, palpitaciones, sudoración, ahogo...
- Pensamientos: incredulidad, negación, confusión, preocupación...
- Conductas: el llanto, alteraciones del sueño o del apetito...

¿Cuánto dura el duelo?

Es imposible establecer un plazo concreto ya que cada duelo es diferente y sigue su ritmo. El tiempo de duración es variable y depende de cada persona.

- A nivel general, el primer año tras la pérdida es la etapa más dura e intensa.
- La situación más crítica se produce entre el segundo y el tercer mes después del fallecimiento, ya que el intenso apoyo emocional de la familia y los amigos disminuye y, en cambio, es cuando se hace más necesario.

El duelo finaliza cuando somos capaces de pensar en la persona fallecida con amor y no con dolor. El duelo es el proceso de adaptación a la nueva situación sin nuestro ser querido.

Algunas recomendaciones

- El dolor y las pérdidas forman parte de la vida.
- Es mejor no reprimir los sentimientos. Cada uno debe poder expresarlos.
- Expresar las emociones es bueno, así como dejarse ayudar y acompañar.

13. La música y las emociones

Tal y como decía Friedrich Nietzsche: «Sin música, la vida sería un error». Considero, pues, que un libro que trata sobre el bienestar emocional sin un capítulo, aunque sea muy breve, dedicado a la música y las emociones también sería un error.

La música nos ayuda a liberar tensiones, a emocionarnos, a relajarnos y a evocar recuerdos. En cualquier etapa de nuestra vida, ya sea en la juventud o en la vejez, la música nos marca porque siempre proporciona sensaciones placenteras. Nos carga de energía; incluso hace más de 30.000 años, el hombre usaba flautas de hueso e instrumentos de percusión para comunicarse emocionalmente.

El placer que sentimos al escuchar música y las emociones que nos invaden se relacionan íntimamente con la liberación de dopamina, que genera respuestas de reforzamiento positivo y de recompensa. Asimismo, dos de las estructuras del sistema nervioso autónomo (el núcleo accumbens y el hipotálamo) se encargan de disminuir la frecuencia cardíaca, la presión arterial, el ritmo respiratorio, por ejemplo. Esto demuestra que escuchar música es beneficioso y nos ayuda a encontrar bienestar emocional.

Una de las razones más simples y cotidianas que justifican la compañía de la música en nuestras vidas es el hecho de que nos ayuda a expresar nuestras emociones, así como a evocar recuerdos, liberar tensiones o influir en nuestro estado de ánimo.

Algunos planteamientos teóricos, a la vez que prácticos y psicopedagógicos, han logrado sorprendentes resultados a través de la música, y no solo para estimular la creatividad y fomentar la expresión y el bienestar emocional de las personas, sino también por el hecho de desarrollar las habilidades cognitivas y los valores humanos.

La música, por lo tanto, contribuye a la estimulación sensorial, favorece habilidades como la memoria, la atención y la concentración y promueve el bienestar emocional de las personas con diversidad funcional.

Como dijo Franz Liszt, el famoso compositor austrohúngaro, pianista y director de orquesta: «La música es el corazón de la vida. Por ella habla el amor; sin ella no hay bien posible y con ella todo es hermoso». Por eso, disfruta de la música para sanar tu alma y sentir un bienestar emocional completo.

14. Hábitos saludables

«Como no sabía que era imposible, lo hice».

A. EINSTEIN

La actitud es fundamental y a lo largo de todo el libro he intentado mostrártelo mediante frases y fábulas que ayudan a entender que todos pasamos por lo mismo.

Ahora, en este capítulo, me centro en algunos hábitos que nos harán estar y sentir mejor y trabajaremos en el objetivo principal de este libro: el bienestar emocional y la felicidad. Para ello, los hábitos saludables son claves, no lo olvides, pues solo de esta manera nos sentiremos más satisfechos con nosotros mismos y viviremos más y mejor. Para ello, tenemos que centrarnos en varios aspectos básicos como el ejercicio físico, la estimulación cognitiva y la alimentación.

Recuerda que los hábitos se crean, no se obtienen por herencia, usa tu pasión e ilusión, ganarás en seguridad, confianza y alegría. Tu cuerpo y tu cerebro cambiarán.

Haz ejercicio

Está comprobado que el ejercicio mejora la salud, reduce el estrés, además de aumentar la expectativa de vida. El ejercicio físico y la salud están estrechamente relacionados. En un mundo con grandes problemas de sedentarismo, sobrepeso y obesidad (sumado a las enfermedades que se producen por su causa), la actividad física es una parte fundamental del cuidado de la salud. El simple hecho de caminar por la playa, por un bosque o, incluso, por tu ciudad hace que tu cuerpo y tu mente mejoren.

En general, se recomienda un mínimo de 30 minutos de ejercicio moderado, cinco días a la semana para lograr una salud y una longevidad óptimas. Cuando se trata de caminar, un ritmo moderado implica andar a unos 4 kilómetros por hora.

Los beneficios de andar, correr, ir en bicicleta, nadar, etcétera, no son solamente físicos, sino también psicológicos. De hecho, se sabe que el ejercicio es una excelente terapia para luchar contra la depresión y la ansiedad, ya que favorece la liberación de endorfinas (recuerda, son las hormonas que nos hacen sentir felices y relajados), al tiempo que reduce la producción de cortisol (la famosa hormona del estrés). Cuando caminamos, el cerebro activa las neuronas calmantes. Por ese motivo, la actividad física está asociada con un menor riesgo de enfermedad cardíaca o de diabetes tipo 2. Dado que andar o correr son un ejercicio gratuito y muy conveniente que puede practicarse en cualquier lugar, te animo a que empieces a practicarlo ya mismo y a que no lo dejes nunca. Como decía Ortega y Gasset: «Camina lento, no te apresures, que a donde tienes que llegar es a ti mismo».

Sin embargo, como bien sabemos, hay otras actividades físicas que también podemos practicar cualquier día de la semana. Realiza la que más te guste y motive: pádel, tenis, bicicleta, natación... Uno de los deportes que recomiendo, y que a mí me ha ido muy bien, es el boxeo. Hoy está de moda, aunque no todo el mundo pueda, quiera o le guste hacerlo. No solo aporta una buena condición física y aumenta la autoestima, sino que además motiva mucho, por la gran superación personal que requiere. Como otras actividades físicas, genera endorfinas y reduce la ansiedad, además de neutralizar el cortisol. Hoy, hacer deporte, sea cual sea, no es moda, es una necesidad del cuerpo y la mente. Encuentra un deporte que te fascine y realízalo. Te sentirás infinitamente mejor.

Trabaja la estimulación cognitiva

La estimulación cognitiva es el entrenamiento de las capacidades o habilidades cognitivas, definidas como un conjunto de procesos que tienen como objetivo principal el procesamiento de la información que recibimos en nuestro cerebro. El entrenamiento cognitivo, mediante el uso de un conjunto de técnicas y estrategias, se orienta a mejorar el rendimiento y la eficacia de capacidades como la memoria, la atención, la percepción, el razonamiento o la planificación, entre otras.

De esta forma y teniendo en cuenta que el objetivo general de la estimulación cognitiva es mejorar y potenciar el funcionamiento de estas capacidades en todas las personas, tengan la edad que tengan, todos podemos beneficiarnos con esta técnica. Así, por ejemplo, los niños y adolescentes en edad escolar, los adultos, los mayores y los ancianos sin síntomas de declive cognitivo, los deportistas o ejecutivos pueden trabajar con estimulación cognitiva para mantenerse mentalmente activos.

¿Qué formas de estimulación cognitiva existen?

Los cuadernos de ejercicios son la forma más tradicional de estimulación cognitiva, ya que permiten trabajar las diferentes capacidades, como la atención, la memoria y la orientación.

Asimismo, los conocidos juegos de *brain training* son otra manera algo más dinámica de estimular el cerebro mediante el uso de las nuevas tecnologías. Estas aplicaciones, disponibles tanto para móviles como para ordenadores y *tablets*, trabajan las diferentes funciones cognitivas y ejecutivas, con multitud de juegos, como acertijos, laberintos, problemas de lógica, cálculo mental, etcétera, y, a la vez, ofrecen la posibilidad de regular el nivel de dificultad y ajustarlo al grado de desarrollo de cada persona.

Otra forma de estimulación cognitiva que existe en la actualidad es la neurotecnología, que, mediante novedosos dispositivos basados en el electroencefalograma (EEG) registra la actividad cerebral y, de manera individualizada, se adaptan las intervenciones para producir cambios neuroplásticos cuantificables, relacionados con la rehabilitación y mejora de las capacidades cognitivas, como la atención, memoria y velocidad de procesamiento.

La estimulación cognitiva y emocional forma parte, cada día más, de la rutina de las personas que buscan mejorar su salud. Trabájala tú también y trabaja tu bienestar emocional para alcanzar la felicidad.

La alimentación

El último informe de la Organización para la Cooperación y el Desarrollo Económicos (OCDE), publicado en noviembre de 2015, aseguraba que la población mundial cada vez vivirá más años; por lo tanto, mejorar los hábitos de vida, como la alimentación, ayudará a prevenir múltiples enfermedades.

En nuestra mano está lograr que nuestro cerebro se mantenga activo y saludable, algo que repercute en el correcto funcionamiento del resto del organismo, así como en nuestro estado mental. A continuación, he elaborado una breve lista de algunos de los principales alimentos que mejoran nuestro bienestar físico.

¡Te animo a que los introduzcas en tu dieta!

- Manzanas, piña
- Naranjas y otros cítricos
- Chocolate negro (preferiblemente 85% cacao)
- Aguacate, brócoli y coles
- Frutos rojos: arándanos, fresas...
- Pescado azul
- Frutos secos (nueces, anacardos)
- Aceite de oliva
- Alcachofa, zanahoria
- Semillas de sésamo
- Ajo y cebolla*

El cacao, chocolate, feniletilamina, felicidad y amor

Dentro del capítulo de hábitos saludables y alimentación quería hacer una mención especial a este riquísimo alimento. Mi objetivo es eliminar los tabús que tiene sobre nuestra dieta. ¿Quién no ha oído hablar alguna vez de los poderes afrodisíacos, antidepresivos o estimulantes del buen humor del chocolate?

Los estudios realizados al respecto han señalado que cuando nos enamoramos los niveles de feniletilamina aumentan

---

* Aunque tengo que deciros, por curiosidad personal, que soy alérgico al ajo e intolerante al puerro y a la cebolla.

y se elevan cuando estamos felices. Y seguramente os preguntaréis, ¿qué tiene que ver la feniletilamina con el chocolate?

El hipotálamo es la región dentro del cerebro emocional que libera el ingrediente esencial del enamoramiento: un neurotransmisor llamado feniletilamina (PEA), que es una sustancia química que se produce de forma natural en el cerebro emocional. Su acción (similar a la provocada por la anfetamina) explica esa sensación de euforia, exaltación y bienestar que acompaña a quien se enamora. Por eso, el cacao y el chocolate negro (con más de 70% de cacao, aunque yo recomiendo el de 85%), que la contienen, colaboran en el mantenimiento de los niveles de esta sustancia, que se elevan a cotas máximas en el organismo. En definitiva, la feniletilamina ayuda a mantener los niveles de dopamina, el neurotransmisor del cerebro responsable del gusto, la seducción y el placer.

La leyenda del chocolate

Quetzalcóatl, que se representa como la serpiente emplumada, era considerado el dios bondadoso que mostró a los hombres las artes de la agricultura, la astronomía y la medicina, así como las habilidades plásticas. Era el rey sagrado de los toltecas, un pueblo que precedió a los aztecas en la historia de Centroamérica, y, para los mayas, era considerado el Dios de la sabiduría. Cuenta la leyenda que un día descendió entre los toltecas y los ofreció algunos regalos: les convirtió en dueños del frijol, del maíz y de la yuca, brindándoles así la posibilidad de que nunca les faltaran estos alimentos.

Gracias a ello, emplearon sus horas en el estudio, convirtiéndose de esta manera en grandes y maravillosos escultores, artesanos y arquitectos. Poco después, como muestra de amor hacia los toltecas, les regaló una planta que Quetzalcóatl había robado a sus hermanos.

Con el paso del tiempo, el arbusto creció y dio sus frutos. Les mostró cómo recogerlos, tostarlos, molerlos y batirlos con agua en jícaras. Así fue como obtuvieron el chocolate, una bebida mágica de la que solo tenían derecho a disfrutar los nobles, los sacerdotes y los dioses.

Pero, poco a poco, el pueblo empezó a consumir esta rica bebida, que convirtió a los toltecas en artistas y constructores sabios, gracias a las cualidades estimulantes y reconstituyentes de este alimento.

15. El camino hacia la felicidad

> *«La felicidad humana generalmente no se logra con grandes golpes de suerte (...), sino con pequeñas cosas que ocurren todos los días».*
>
> BENJAMIN FRANKLIN

Shakespeare decía:

> *Siempre me siento feliz. ¿Sabes por qué?*
> *Porque no espero nada de nadie; esperar siempre duele.*
> *Los problemas no son eternos, siempre tienen solución.*
> *Lo único que no se resuelve es la muerte.*
> *La vida es corta, por eso ámala, sé feliz y sonríe siempre.*
> *Y recuerda: antes de morir, ¡vive!*

¿Qué es la felicidad?

La felicidad es una palabra compleja y difícil de definir, sobre todo porque, para llegar a ella, cada uno debe seguir su camino. Se trata de un sentimiento caracterizado por un bienestar anímico placentero sostenido en el tiempo que se logra cuando nos sentimos satisfechos con nosotros mismos. Por ese motivo, al tratarse de un arduo trabajo de satisfacción personal, no es algo que pueda llegar a fingirse, eso solo nos llevaría al autoengaño. En consecuencia, no lograríamos el bienestar emocional, pues, al fin y al cabo, todos, en mayor o menor medida, sabemos si somos o no felices, aunque a veces no sepamos cómo explicarlo.

Lo decía incluso Chaplin: «La felicidad... ¿existe?, ¿dónde? Cuando era niño me quejaba a mi padre porque no tenía juguetes y él respondía señalándose la frente con el dedo índice: "Este es el mejor juguete que se ha creado. Todo está aquí. Ahí está el secreto de nuestra felicidad"».

En general, se suelen definir dos tipos de felicidad: la del instante y la de la memoria. Por un lado, la felicidad del instante consiste en cómo de feliz te sientes en este mismo momento, con lo que te rodea y con lo que estás haciendo. Suele estar relacionada con poder hacer aquello que me gusta y que se me da bien. Además, disminuye la realización de actos que me implican sacrificios para tratar de satisfacer a otras personas.

Por otro, la felicidad de la memoria consiste en pararse a reflexionar acerca de si **soy feliz** y no de si me **siento feliz**. Esta felicidad suele estar más relacionada con la coincidencia entre mi estilo de vida y mis valores, y es probable que cuando no nos sintamos felices nos cuestionemos muchas cosas, como por ejemplo: ¿dedico el tiempo necesario a mis amigos?, ¿viajo todo lo que me gustaría?, ¿mi trabajo me realiza? y ¿sirve para ayudar a los demás?, etcétera.

No siempre podemos tener valores altos en los dos tipos de felicidad, porque puede ser que, para tener el estilo de vida que quiero, tenga que realizar muchos sacrificios y eso no me permita siempre contar con altos niveles de felicidad del momento, o también es posible que no haya conseguido aún el estilo de vida que deseo, pero eso me permita improvisar y dedicar tiempo a aquello que más me apetece.

Al final, cada uno debe encontrar su propio camino. Céntrate en ti y busca tu bienestar emocional diario, no tu felicidad; pues, como decía Pearl S. Buck: «*Muchas personas se pierden las pequeñas alegrías de la vida*, mientras esperan la gran felicidad». No cometas este error, no esperes a que llegue la felicidad. Trabaja tu bienestar emocional, tu paz interior, las pequeñas cosas que te hacen estar bien, ya que ese es el camino de la felicidad.

¿De dónde proviene la felicidad?

Según Sigmund Freud, nos movemos gracias al resultado inconsciente de nuestros instintos de vida y muerte, cuyas dos leyes se podrían reducir a:

• Hacemos todo lo posible para realizar actividades que nos produzcan placer, siendo el placer sexual uno de los más importantes, ya que facilita la continuidad de la especie.

- Huimos de lo que nos puede causar daño, lo que nos ayuda a sobrevivir. En muchas sociedades, el miedo a ser dañado tiene como consecuencia la aparición de la ansiedad, que no es otra cosa que una reacción fisiológica ante las amenazas modernas.

Aunque los postulados de Freud han quedado muy superados, debemos reconocer que puso los pilares de la psicología moderna, ya que acertó a la hora de poner el foco en aspectos que en ocasiones pueden escapar a nuestra conciencia. Algunos de los factores que afectan a la felicidad pueden estar fuera de nuestro control (como la genética o determinadas circunstancias), pero siempre hay acciones que podemos tomar a partir de este momento para amplificar nuestros buenos sentimientos.

Dos sacos

Una antigua leyenda explica que tres hombres caminaban cargando, cada uno de ellos, con dos sacos sujetos a su cuello. Un saco colgaba por la parte anterior del cuello y el otro por la parte posterior, sobre la espalda.

Cuando al primero le preguntaron qué había en sus sacos, dijo:

—Todo lo bueno que me han dado mis amigos se halla en el saco de atrás, fuera de la vista. Por eso, al poco tiempo, me olvido de ello. El saco de delante contiene todas las cosas desagradables que me han acontecido, todas las ofensas que me han infligido y, en mi andar, me detengo con frecuencia, extraigo estas cosas y las miro desde todos los ángulos posibles. Me concentro en los elementos de mi saco delantero, los estudio, dirijo todos mis pensamientos y sentimientos hacia ellos.

Su respuesta explicaba por qué el primer hombre avanzaba muy poco en su camino: se detenía siempre para reflexionar sobre las cosas desafortunadas que le habían sucedido en el pasado.

Cuando preguntaron al segundo hombre qué era lo que llevaba en sus sacos, él respondió:

—En el saco delantero están todas las buenas acciones que he hecho. Las llevo frente a mí y continuamente las ventilo y las exhibo para que todo el mundo las vea. En el saco de atrás llevo cargados todos mis errores, las ofensas y pesares. Cargo siempre con ambos sacos dondequiera que vaya. Es mucho lo que pesan y no me permiten avanzar con rapidez, pero, por alguna extraña razón, no puedo desprenderme de ellos.

Al preguntarle al tercer hombre sobre sus sacos, él contestó:

—El saco que llevo delante está lleno de maravillosos pensamientos, acerca de la gente, los actos bondadosos que han realizado, y todo lo bueno que he disfrutado a lo largo de mi vida. Es un saco grande y está lleno, pero no pesa mucho. Su peso es como las velas de un barco, lejos de ser una carga, me ayuda a avanzar. Por otro lado, el saco que acarreo a mis espaldas está vacío, puesto que le he hecho un gran orificio en el fondo. En este, pongo todo lo malo que escucho sobre los demás y sobre mí mismo. Todas estas cosas van saliendo por el agujero y se pierden para siempre, de modo que no hay peso que me haga más penoso el trayecto.

J.M. Templeton

Podemos elegir el sendero que queremos recorrer. Podemos elegir con qué equipaje viajar. Nosotros decidimos qué cargamos y qué dejamos. Somos responsables de las consecuencias que se derivan de nuestras elecciones.

Las personas felices se dan cuenta de que la felicidad se convierte en un hábito. Aunque suene imposible, tú puedes tomar el control para sonreír más veces al día y estar más satisfecho con la vida.

Estas pequeñas acciones se dividen en dos partes:

• Las que mejoran nuestra percepción y relación con el mundo exterior.
• Las que provienen de nuestro interior y dependen de nuestra actitud ante la vida.

Trata de introducir cualquiera (o todas) de estas acciones en tu rutina. Así te sentirás mejor y serás más feliz ¡por dentro y por fuera!

Hacer algo por los demás es una poderosa manera de aumentar nuestra propia felicidad y también de dejar un granito de arena en el estado de ánimo de nuestros seres queridos. Esto se explica gracias a la intervención de las neuronas espejo, que tienen como función hacernos sentir, aunque con menor intensidad, aquellas emociones que intuimos en otros. Han ayudado mucho a la supervivencia, ya que nos permiten formar parte del grupo y entender la emoción y, por tanto, la intención de quienes nos rodean.

El acto de dar algo a los demás puede ser tan simple como saludar con un «buenos días» o decir «gracias». También puede realizarse con una simple acción como ceder el asiento en el metro. Y se ha comprobado que regalar un poco de tu tiempo libre para realizar voluntariado aumenta asimismo tu percepción de bienestar y felicidad.

Los estudios científicos demuestran que ayudar a los demás aumenta la satisfacción con la vida, proporciona un sentido de significado, refuerza los sentimientos de competencia, mejora el estado de ánimo y reduce el estrés.

Ser generoso

> *«De todas las variedades de virtud, la generosidad*
> *es la más estimada».*
>
> ARISTÓTELES

Practicar la generosidad es un principio de salud mental y una de las claves para llevar una vida feliz y saludable. Egoístamente hablando, nos interesa ser generosos con los demás por nuestro propio bien. Recuerda:

Tu vida se mide por lo que das.

Cada día, en la vida se nos presentan muchas oportunidades de ser generosos, en el trabajo, en casa, en la calle, etcétera. Con la generosidad no solo podemos contribuir a mejorar el mundo, sino a sentirnos mejor con nosotros mismos creando un entorno en el que todos seamos más felices.

Además, el hecho de ayudar a los demás hace que cada acción quede grabada en la memoria del otro, tal y como lo escribe Victor Frankl, en su libro *El hombre en busca de sentido*: «Los supervivientes de los campos de concentración aún recordamos a algunos hombres que visitaban los barracones consolando a los demás y ofreciendo su único mendrugo de pan».

Muchos estudios han puesto de relieve que los beneficios de la generosidad ayudan a reducir el estrés, a tener mejor salud física, a mejorar el propio sentido de la vida, a combatir la depresión o a aumentar el bienestar, sin olvidar que promueve la mejora las relaciones sociales.

Asimismo, cuando damos a los demás, no solo hacemos que se sientan más cerca, también logramos sentirnos más próximos a ellos emocionalmente. Esto se debe a que ser generoso y amable nos anima a percibir a los demás de forma más positiva y, además, nos hace sentirnos mejor.

La generosidad ayuda a construir la confianza natural en uno mismo, a centrarse en lo que estamos dando, más que en lo que estamos recibiendo. Recuerda, ser generoso te hará ser más feliz.

Nuestras relaciones con otras personas son clave para nuestra felicidad, porque reservar más tiempo para la gente que te importa y aumentar tus conexiones sociales generan una sensación de satisfacción y bienestar.

Lamentablemente, el ritmo de vida que llevamos hoy en día (trabajo, escuela, hijos, obligaciones, deberes...) provoca que nos olvidemos de hacer aquellas cosas que nos dan felicidad, como salir a tomar una cerveza y charlar íntimamente con tus amigos de toda la vida. Esta conexión social forma parte de un estilo de vida saludable, pues las relaciones de este tipo proporcionan amor, propósito y aumentan nuestros sentimientos de autoestima. Conversar con las personas que se hallan a nuestro alrededor (escuchar y ser escuchados) nos conduce a una mayor sensación de bienestar y a relaciones más fuertes que mejoran la experiencia con nuestro entorno.

Por ese motivo, trata de sacar tiempo y de desarrollar un espacio en el que puedas expresar tus opiniones, pensamientos y emociones. Intenta llevar a cabo estas seis propuestas y lograrás un mejor bienestar emocional que te conducirá a sentirte feliz contigo mismo y con los demás:

- Saluda con una sonrisa.
- Atrévete a conocer gente nueva.
- Llama por teléfono a tus padres.
- Manda mensajes a tus amigos.
- Visita a tu familia.
- Reserva un día para comer o cenar con tus amigos.

Me gustaría remarcar que, para reforzar los recuerdos positivos, que son procesados por el hipocampo, es necesario tener un sueño reparador. La falta de sueño impide recordar los gratos recuerdos y refuerza los negativos. Por lo tanto, dormir también es vital para alcanzar el bienestar deseado.

Asimismo es importante, como ya hemos dicho, sonreír todos los días, incluso durante esas situaciones en las que no podemos hacer nada, pero nos afectan.

Pensarás que es difícil e incluso inútil, pero te equivocas. Sonreír puede hacernos sentir mejor, pero este efecto es más eficaz cuando lo respaldamos con pensamientos positivos.

Piensa a lo grande y conseguirás grandes retos. A las personas deberíamos juzgarlas por lo que intentan, y no solo por lo que logran. Se debe valorar mucho más el acto de intentar que el de lograr, pues todos fracasamos en un momento u otro de la vida, pero no todos lo seguimos intentando.

En este sentido, piensa en la frase de Charles Chaplin: «No debemos tener miedo a equivocarnos. Hasta los planetas chocan y del caos nacen las estrellas». Es decir, solo si sigues intentándolo y superas los miedos que acarrean determinados fracasos, lograrás los retos que te has propuesto: alcanzar tu bienestar emocional.

Por último, el siguiente fragmento de Alejandro Jodorowsky también nos ayuda a visualizar lo expuesto y me parece la manera perfecta para concluir este libro, con un último relato.

Un arquero quiso alcanzar la luna. Noche tras noche, sin descansar, lanzó sus flechas hacia el astro. Los vecinos comenzaron a burlarse de él.

Inmutable, siguió lanzando sus flechas. Nunca cazó la luna, pero se convirtió en el mejor arquero del mundo.

La gran aspiración del ser humano es alcanzar el bienestar y la felicidad.

¡No te rindas y lo lograrás!

16. Técnicas de relajación

Según mi punto de vista, este capítulo puede ayudar a mucha gente, ya que la relajación física y mental está íntimamente relacionada con la alegría, la calma y el bienestar personal del individuo por el hecho de reducir los niveles de estrés, ansiedad o ira. Así pues, conseguir un estado relajado implica un estado de satisfacción, tanto física como psicológica, donde el gasto energético y metabólico se muestran considerablemente reducidos.

Combatiendo mucho más que el estrés

Cuando estemos estresados, el uso de este tipo de técnicas nos ayudará mucho, aunque también pueden ser usadas cuando no lo estemos. Introducirlas en nuestra rutina diaria sirve para prevenir la aparición de problemas de ansiedad y para sentirnos mejor y más descansados, esto es, tener bienestar emocional.

Sería conveniente utilizar estos recursos siempre que tengamos niveles de estrés altos y mantenidos en el tiempo, pues, como ya hemos visto en el capítulo 8, el estrés conlleva un impacto muy negativo en nuestra calidad de vida.

Algunos ejemplos sobre cuándo conviene utilizarlos:

- Cuando la ansiedad nos empieza a dar problemas durante varios días.
- Cuando pasamos por una etapa de duelo o pérdida.
- Al experimentar estrés laboral o el síndrome de *burnout*.
- Cuando el estrés nos genera conductas obsesivas, como mordernos las uñas.
- Cuando nos sintamos acosados de alguna manera (acoso laboral), o cuando tengamos problemas en la relación de pareja.
- Cuando la cantidad de tareas y responsabilidades nos desborda y tengamos problemas para conciliar la vida profesional con la personal.

Los beneficios de los ejercicios de relajación

Las ventajas a la hora de utilizar este tipo de técnicas dependen, en parte, del tipo de ejercicios que utilicemos. Sin embargo, en términos generales, los beneficios que obtendremos al ponerlas en práctica son los siguientes:

- Llevan a una sensación de bienestar.
- Otorgan un mayor control y consciencia sobre lo que ocurre en nuestro cuerpo.

- Reducen la presión arterial.
- Mejoran nuestra autoestima.
- Ayudan a que nos sintamos más preparados para afrontar nuevas situaciones.
- Reducen los niveles de cortisol (la hormona del estrés) de nuestra sangre.
- Ayudan a conciliar el sueño.
- Reducen la tensión muscular.
- Algunas técnicas mejoran el riego sanguíneo de los grandes grupos musculares.

Mindfulness

El mindfulness, también denominado atención o conciencia plena, consiste en el hecho de estar atento de manera consciente a las tareas que llevamos a cabo, sin juzgar, apegarse o rechazar la experiencia que nos aportan. Se trata, básicamente, de ser consciente del aquí y ahora.

Asimismo, consiste en una práctica basada en la meditación *vipassana*, que se centra en prestar atención a los pensamientos, las emociones, las sensaciones corporales y al ambiente circundante. La atención se enfoca en lo que se percibe, evitando preocuparnos por los problemas, sus causas y consecuencias. No se trata de buscar soluciones, sino de tomar acción sin pensar en otra cosa que no sea la ejecución de esta.

152 El bienestar emocional

Yoga

El yoga cada vez genera más adeptos en una sociedad donde nos gobierna el estrés. Esta actividad se compone de diferentes ejercicios y posturas que ayudan a aumentar la concentración y la relajación por medio del contacto con nuestro propio cuerpo. Así, conseguimos crear una estabilidad mental y corporal, que nos ayuda a afrontar mejor el día a día.

Además, alivia el dolor, reduce la ansiedad y la depresión, así como disminuye en un 23% los niveles de colesterol en sangre. También mejora la concentración, la flexibilidad y el equilibrio y nos ayuda a descansar. Y mejora el funcionamiento de los aparatos cardiovascular y pulmonar gracias a sus ejercicios aeróbicos.

Por ese motivo, se está convirtiendo en una práctica cada vez más extendida que, incluso, ya se incorpora en los centros de deporte y gimnasios.

Practicar yoga supone escuchar tu cuerpo y mente. ¡Escúchate!

Ejercicios prácticos

Respiración con el diafragma

Túmbate en una superficie plana mirando hacia arriba y mantén una postura recta, sin contraer los músculos. También puedes sentarte en una silla colocando tus muslos de manera paralela y formando un ángulo de 90 grados respecto al tronco.

Coloca la palma de una de tus manos sobre el pecho y la otra sobre tu abdomen. Durante 20 segundos, dirige tu atención en cómo la respiración hace que estas dos zonas se muevan.

El hecho de que el pecho se mueva mucho más que el abdomen es un signo de respiración superficial, que hace que muchas veces nos falte oxígeno, aunque no nos demos cuenta de ello.

Durante un mínimo de 3 minutos, debes guiar tu respiración para hacer que la mano que reposa sobre el abdomen se mueva más que la que se encuentra sobre el pecho. Para conseguirlo, inspira profundamente por la nariz durante unos 5 segundos y mantén el aire en la zona del vientre durante un par de segundos. Luego, espira por la boca durante otros 5 segundos.

Meditación

Para esta técnica de relajación necesitarás sentarte (no echarte) en una silla cómoda y empezar a seguir los pasos descritos en el ejercicio de respiración con el diafragma. A la vez que diriges la atención hacia la respiración, debes recitar mentalmente una frase, como «me relajo», «me calmo», o alguna otra que evoque la acción de dejar atrás la ansiedad.

Ejercicio de relajación rápida

Esta técnica de relajación es extremadamente sencilla y está pensada para que la uses varias veces al día. Consiste, básicamente, en que cada vez que veas un objeto de tu elección, como un jarrón de flores de tu sala de estar o una figurilla decorativa, realices tres o cuatro respiraciones profundas seguidas, mientras notas cómo se relajan todos tus músculos.

Aunque este ejercicio sea muy corto, conviene que durante el proceso centres tu atención en la respiración y no te distraigas. Mientras realizas el ejercicio, también puedes imaginar una imagen relajante (como una playa solitaria o un árbol en un jardín).

Respiración 4-7-8

El doctor Weil se considera el creador de esta técnica que, en el fondo, no es más que una variante de la ampliamente conocida respiración diafragmática. Esta técnica es muy breve y discreta (no requiere tumbarse en la cama o adoptar posturas antinaturales), por lo que se puede llevar a cabo en cualquier lugar y, en muy poco tiempo, producir una mejora de nuestro nivel de ansiedad. La técnica consiste en realizar los siguientes pasos:

1. Sitúa la punta de la lengua contra el tejido de la encía que está encima de los dientes frontales superiores. Mantén esa posición durante el resto del ejercicio.
2. Cierra la boca e inspira lentamente por la nariz mientras cuentas mentalmente hasta cuatro.
3. Aguanta la respiración y cuenta mentalmente hasta siete.

4. Espira completamente por la boca mientras cuentas mentalmente hasta ocho (haciendo el mismo sonido de silbido del paso número dos).

Esto concluye un primer ciclo del ejercicio. Repítelo tres veces más hasta completar un total de cuatro.

Carpe diem, memento mori

Agradecimientos

Lo más valioso de la vida no es lo que tenemos, sino a quién tenemos.

Gracias a todas y todos los que en un momento u otro en este bonito camino de la vida nos hemos encontrado y compartido experiencias, relación, apoyo y amistad.

¡A todas y todos, GRACIAS de corazón!

Bibliografía

AVIA, M.D. y VÁZQUEZ, C. (2011). *Optimismo inteligente: psicología de las emociones positivas*. Madrid: Alianza Editorial.

AUDESIRK, G. y BYERS, B.E. (2003). *Biología. La vida en la tierra*. Madrid: Prentice Hall.

ARGYLE, M. (1987). *La psicología de la felicidad*. Madrid: Alianza Editorial.

ARSUAGA, J.L. (2019). *Vida, la gran historia*. Barcelona: Ediciones Destino.

BONET, J.L (2014). *Cerebro emociones y estrés*. Barcelona: Ediciones B.

BURNS, D. (1980). *Sentirse bien*. Barcelona: Ediciones Paidós.

CARTER, RITA (1998). *El nuevo mapa del cerebro*. Integral Publishing.

EAGLENAB, DAVID (2017). *El cerebro. Nuestra historia*. Barcelona: Editorial Anagrama.

ELSTER, J. (1999). *Alquimias de la mente. La racionalidad y las emociones*. Barcelona: Ediciones Paidós.

DELGADO J.M., FERRUSA, MORA F. y RUBIA F.J. (eds.) (1997). *Manual de Neurociencia*. Madrid: Síntesis.

DESPINS, J.P. (2001). *La música y el cerebro*. Barcelona: Editorial Gedisa.

EKMAN P. (1973). «Expression and the Nature of Emotion», en *Darwin and Facial Expressions*, Nueva York: Academic Press.

FRANKL, VIKTOR (1991). *El hombre en busca de sentido*. Barcelona: Herder Editorial.

GAONA, J.M. (2007). *Endorfinas: las hormonas de la felicidad. Cómo estimularlas a través de la comida, el deporte, la risa o el sexo*. Madrid: La Esfera de los Libros.

GOLEMAN, D. (1996). *Inteligencia emocional*. Barcelona: Editorial Kairós.

GOLEMAN, D. (2014). *Focus*. Barcelona: Editorial Kairós.

GUILLÉN-SALAZAR, F. (2005). *Existo, luego pienso: los primates y la evolución de la inteligencia humana*. Madrid: Ateles Editores.

JACKSON, STANLEY W. (1986). *Historia de la melancolía y la depresión*. Madrid: Turner.

KALAT, J.M. (2004). *Psicología biológica*. Madrid: Ediciones Paraninfo.

KANDEL, E.R., SCHAR, J.H y JESELL, T.M. (2001). *Principios de neurociencia*, 4.ª ed. McGraw-Hill Interamericana.

KRAMER, PETER D. (2006). *Contra la depresión*. Barcelona: Seix Barral.

KÜBLER-ROSS, ELIZABETH (1969). *Sobre la muerte y los moribundos*. Barcelona: De bolsillo.

LYUBOMIRSKY, S. (2008). *La ciencia de la felicidad*. Barcelona: Urano.

LÓPEZ MORATALLA, NATALIA (2007). *La dinámica de la evolución humana*. Navarra: Eunsa.

LÓPEZ ROSETTI, D. (2018). *Emoción y sentimientos*. Madrid: Editorial Ariel.

LÓPEZ ROSSETI, D. (2006). *Estrés, epidemia del siglo XXI: cómo entenderlo, entenderse y vencerlo*. Barcelona: Editorial Lumen.

MAOJO, VÍCTOR (2018). *Cerebro y música. Entre la neurociencia, la tecnología y el arte*. Barcelona: Emse Publishing.

MORA TERUEL, F. (2000). *El cerebro sintiente*. Madrid: Editorial Ariel.

MORGAN ALLMAN, JOHN (2003). *El cerebro en evolución*. Madrid: Editorial Ariel.

Munt Erausquin, Xavi (2017).*Vivir con optimismo.* Almería: Círculo Rojo.

Nolte, J. (1994). *El cerebro humano. introducción a la anatomía funcional.* Madrid: Mosby-Doyma Libros.

Pascual-Leone, A., Fernández Ibáñez, A., Bartrés-Faz, D. *El cerebro que cura.* Barcelona: Plataforma Editorial.

Plessner, H. (2007). *La risa y el llanto. Investigación sobre los límites del comportamiento humano.* Madrid: Editorial Trotta.

Puig, I. (2019). *La revolución emocional.* Barcelona: Editorial Conecta.

Punset, E. (2006). *El viaje a la felicidad: las nuevas claves científicas.* Barcelona: Ediciones Destino.

Ratey, John J. (2003). *Cerebro: manual de instrucciones.* Barcelona: Mondadori.

Rick, Hanson (2015). *Cultiva la felicidad.* Málaga: Editoral Sirio.

Sang-Hee Lee & Shin-Young Yoon. (2018). *No seas Neandertal.* Barcelona: Editorial Debate.

Savin Vallvé, Javier (2018). *Navegar para directivos.* Almería: Círculo Rojo.

Seligman, Martin E.P. (2003). *La auténtica felicidad.* Barcelona: Editorial Vergara.

Sloan, Christopher (2005). *La historia del origen del hombre.* National Geographic.

Stix, Gary (2008). «Huellas de un pasado lejano». *Investigación y Ciencia*, 384 (Sept.): 12-19 (Migraciones prehistóricas).

Vidal Lacosta, Víctor (2019). *El estrés laboral.* Prensas de la Universidad de Zaragoza.

Worden, William J. (2010). *Las tareas del duelo.* Barcelona: Ediciones Paidós.

editorial **K**airós

Puede recibir información sobre
nuestros libros y colecciones inscribiéndose en:

www.editorialkairos.com
www.editorialkairos.com/newsletter.html
www.letraskairos.com

Numancia, 117-121 • 08029 Barcelona • España
tel. +34 934 949 490 • info@editorialkairos.com

editorial **K**airós

Puede recibir información sobre nuestros
libros y colecciones o hacer comentarios
acerca de nuestras temáticas en:

www.editorialkairos.com

Numancia, 117-121 • 08029 Barcelona • España
tel +34 934 949 490 • info@editorialkairos.com